Antje Kahn

Glücksorte in Paris

Fahr hin & werd glücklich

Dieses

Glücksbuch

ist für

Liebe Glücksuchende,

Paris – die „Stadt der Glückseligkeit und der ewigen Jugend" hat Stefan Zweig sie genannt. Seit mehr als 25 Jahren kann ich das nur bestätigen. So lange bin ich schon hemmungslos in die Stadt an der Seine verschossen.
Beeindruckend – die Architektur, inspirierend – die Kultur, mitreißend – die Quirligkeit. Ein Paradies für Nachtschwärmer, die das pralle Leben in den Straßen auskosten wollen, aber auch für frühe Vögel, die der Stadt beim Erwachen zusehen können.
Wo ist nun aber das Glück versteckt? Eiffelturm, Notre-Dame, Sacré-Cœur – die Wahrzeichen muss man schon gesehen haben. „Le petit bonheur" erhascht man jedoch eher bei einem zufälligen Flirt im Café, bei dem unvergleichlichen Blick über die Dächer, vielleicht liegt es aber auch – wie bei meinem allerletzten Foto für dieses Buch – einfach auf der Rennbahn.
Alexandre Dumas ließ eine seiner Romanfiguren fragen: „Sie konnten bis jetzt leben, ohne Paris zu sehen?" Unglaublich! Worauf noch warten? Lass uns fahren, zum Frühstück sind wir da!
Suivez-moi!

Antje Kahnt

Deine Glücksorte …

… noch mehr Glück für dich

Stilvoll ankommen

1 Gare du Nord

Seit 150 Jahren ist die Zugreise die schönste Art, nach Paris zu gelangen. Ohne Stress, Stau und Umwege. Wenn sich die Türen des TGV oder Thalys öffnen, ist man mittendrin in dieser pulsierenden Stadt.
Mitte des 19. Jahrhunderts drückte Stadtpräfekt Eugène Haussmann im Auftrag Kaiser Napoléons III. Paris seinen Stempel auf. Bis heute prägen seine Maßnahmen das Gesicht der Stadt. Paris mauserte sich zur Welthauptstadt, wie ihr der berühmte Pariswanderer Walter Benjamin bescheinigte. Es war die Zeit der Industrialisierung, der neuen Baumethoden und der Weltausstellungen. Die großen Bahnhöfe der neu gegründeten privaten Eisenbahngesellschaften empfingen Millionen Besucher aus aller Welt. Mit Ausnahme der Gare Montparnasse sind die historischen Fassaden der Bahnhöfe erhalten geblieben.

TIPP
Der Winterzirkus am Boulevard Beaumarchais ist ebenfalls an Hittorffs Reißbrett entstanden.

An der gemütlicheren Gare de l'Est von 1849 kommen die Züge aus dem Süden Deutschlands an. Die Gare du Nord empfängt Reisende aus dem Westen. Bereits 1846 ging der erste Nordbahnhof, finanziert durch die Rothschild-Bank, in Betrieb. Weil die Anlage schnell zu klein wurde, erhielt der Architekt Ignatz Hittorff den Auftrag, den Terminus zu vergrößern und zukunftsfähig zu machen.
Die 180 Meter lange, neoklassizistische Fassade des größten der sechs Pariser Kopfbahnhöfe ziert eine Statue der Stadt Köln. Die Geburtsstadt des Baumeisters gehörte damals unter Kaiser Napoléon I. zu Frankreich. Beim Flanieren über die Boulevards von Paris findet man noch einige Spuren von Hittorffs Baukunst. Er entwarf das heutige Bild der Place de la Concorde sowie den Promenadenteil der Champs-Élysées mit Gärten, Brunnen und Theatern und konzipierte große Teile des Bois de Boulogne. Kurz nach Eröffnung der Gare du Nord, Hittorffs letztem Werk, verstarb der Hofbaumeister als französischer Staatsbürger. Sein Grab befindet sich auf dem Montmartre-Friedhof. Vis-à-vis ruhen mit dem Düsseldorfer Dichter Heinrich Heine und dem Kölner Komponisten Jacques Offenbach zwei Zeitgenossen. 2:1 für Köln?!

- Gare du Nord, place Napoléon III, 75010 Paris
- ÖPNV: Metro 4 und 5; RER B und D, Station Gare du Nord

Mal Ruhe, mal Rummel

2 Tuilerien

Barbe à papa – Zuckerwatte! Wenn der Sommer kommt, riecht es in den Tuilerien nach Kindheit. Im Garten vor den Mauern des Louvre, den sich ursprünglich Königin Katharina von Medici Mitte des 16. Jahrhunderts an der Stelle von Ziegeleien anlegen ließ, wird es dann ganz volkstümlich. Während der Fête foraine des Tuileries, dem einzigen Jahrmarkt in der Pariser Innenstadt, übernehmen die Schausteller das Zepter. Diejenigen, die hier ein ruhiges Plätzchen suchen oder den Seerosen Monets in der Orangerie einen Besuch abstatten wollen, weichen dann lieber auf die hinteren Parkwege aus. Zu den historischen Karussellpferden gesellen sich Schießbuden und Wasserrutsche, Luftschaukel und Geisterbahn. Die Hauptattraktion ist jedoch traditionell das große Riesenrad von Marcel Campion. Der König der Pariser Schausteller hatte jahrzehntelang das „Grande Roue de Paris" am Parkausgang zum Place de la Concorde drehen lassen. Jetzt hat es parallel zur Rue de Rivoli eine neue Bühne gefunden.

TIPP
Ein tolles Foto: vom Carrousel-Bogen durch den Garten zum Obelisken auf dem Concorde-Platz.

Den Rummel buchstäblich gewöhnt sind die Ziegenböcke Stivy und Patouche. Sie sind die heimlichen Stars der Tuilerien und stehen auf der Gehaltsliste des Louvre, um den Rasen ganz gemächlich kurz zu fressen. Die beiden hat es sogar ziemlich unbeeindruckt gelassen, als Patouche einmal bis in die Metro entführt wurde. Die damals populärste Ziege der Welt teilte damit das Schicksal einer anderen Berühmtheit des Louvre: Im Jahr 1911 war die Mona Lisa, das berühmteste Kunstwerk der Sammlung, von einem italienischen Anstreicher aus dem Museum entwendet worden. Gut 400 Jahre zuvor war es in den Besitz des französischen Königs Franz I. übergegangen, der als großer Bewunderer Leonardo da Vincis den Künstler zu sich an die Loire geholt hatte. Glücklicherweise wurde das Gemälde 1913 wiedergefunden. Seitdem ist das sagenhafte Lächeln der Mona Lisa nur noch hinter Panzerglas zu sehen. Da hat Patouche noch mal Glück gehabt, dass er nur angepflockt ist.

● Jardin des Tuileries, Eingang Rue de Rivoli, 75001 Paris
● ÖPNV: Metro 1, Station Tuileries

Avantgarde erleben

3 Rivoli 59

Paris ist heute ein Hotspot für Street-Art. Neugierige finden vor allem im 13., 19. und 20. Arrondissement Mosko, Madame Moustache oder auch mal einen Banksy auf den Fassaden.
„Ziemlich unerhört!" war noch der Tenor in der Stadt, als sich Ende 1999 junge Künstler Zugang zu einer leer stehenden Bankfiliale in der geschäftigen Rue de Rivoli verschafften und sich dort Ateliers einrichteten. Damals hätte wohl niemand geglaubt, dass die Hausbesetzer von einst einen so langen Atem haben würden.
Bürgermeister Bertrand Delanoë, fasziniert von der Initiative, ließ das Haus ankaufen und renovieren, bevor es 2009 in neuer Form wiedereröffnet wurde. Seitdem besuchen alljährlich Zehntausende Kunstinteressierte die „Insel der Originalität" im Zentrum von Paris, um den hier jetzt legal arbeitenden Kreativen in ihrem bunten Atelierhaus beim Malen, Sprayen und Modellieren zuzuschauen.
Tatsächlich ist jeder Besucher eingeladen, die 30 Ateliers zu betreten und Raffiniertes und Skurriles in Augenschein zu nehmen. Sind die Künstler anwesend – für 16 Stunden pro Woche haben sie sich im Gegenzug zu günstigster Miete verpflichtet –, erklären sie gern ihre Arbeiten, die sie auch direkt im Atelier oder über Instagram verkaufen. Neben den 15 „permanenten Alternativen" können sich junge Künstler auch für die dreimonatige Nutzung eines der übrigen Ateliers bewerben. Für Kunstexperimente jeglicher Art gibt es einen Ausstellungsraum mit halbmonatlich wechselndem Programm, der Künstlern außerhalb des Atelierhauses ebenfalls eine Bühne bietet. Von September bis März werden die Ausstellungen und Performances an Wochenenden auch noch von Konzerten begleitet, die ebenfalls kostenlos zu besuchen sind, Spenden werden natürlich gern genommen. Reicht die Zeit nur für eine Stippvisite, ist schon das Herzstück des sechsgeschossigen Haussmann-Baus sehenswert. Die quietschbunte Wendeltreppe, selbst temporäres Kunstwerk, wird ab und an übermalt und lädt immer wieder zu neuen Entdeckungen ein.

● 59, rue de Rivoli, 75001 Paris
rivoli59.com
● ÖPNV: Metro 1, 4, 7, 11 und 14, Station Châtelet

HUILE
NITE OWL
FCK NZS

Bowie auf dem Bauernhof

4

Recyclerie

Bowie ist einer der Stars der Recyclerie. Nein, keine Reinkarnation des Musikers, sondern ein Kaninchen, das mümmelnd beachtliches Rhythmusgefühl besitzt. Bei Führungen durch den kleinen Stadtdschungel am nördlichen Rand von Paris begrüßen es die Kinder zusammen mit seinen beiden Meerschweinkumpels immer besonders freudig. Dienstags und samstags können kleine und große Stadtkinder erleben, wie Regenwürmer aus Pflanzenresten fruchtbare Erde machen, wo Bienen ihren Honig sammeln, wie groß Kürbisse werden können und was die 16 Hühner alles fressen, bevor sie Eier legen.

Man braucht aber keine Führung, um auf Entdeckungsreise zu gehen. Der Eventmanager Stéphane Vatinel hatte 2014 die verlassene Bahnstation der 1934 stillgelegten Ringlinie Petite ceinture ausfindig gemacht. Mit seinen Mitstreitern hat er sie sukzessive in eine Öko-Oase verwandelt. Bereits um 8 Uhr kommen Stammgäste aus dem Viertel für einen Morgenkaffee vorbei. Mittags öffnet die „Cantine" in der alten Bahnhofshalle, wo bis in die Nacht auf den Tisch kommt, was im Garten entlang der Gleise gezogen wurde. Küchenabfälle bekommen die Hühner und die Regenwürmer. Wiederverwerten, wiederverwenden, Ressourcen sparen ist die Maxime der Initiative.

TIPP

Im Sommer gibt es wochenends auch Zugang zu den Gleisen der stillgelegten Strecke.

Es gibt viele Angebote, um die Hände bis zu den Wurzeln in die Erde zu stecken oder unter Anleitung in der kleinen Werkstatt den Mixer der Nachbarin wieder zum Laufen zu bringen. Mitten in der naturbelassenen Umgebung gibt es außerdem viele versteckte Winkel, um seinen Gedanken nachzuhängen oder mit Freunden über das Leben und den ganzen Rest zu philosophieren. Doch nicht nur das – rund tausend Veranstaltungen im Jahr lassen keine Wünsche offen. Im Sommer flimmern Filme über die Leinwand, parallel zur Tour de France hat die Recyclotour, eine Velorunde entlang der Trasse des „Kleinen Gürtels", schon Tradition und von Zeit zu Zeit werden die bunt gemischten Stühle aus der Wandelhalle geräumt und die alten Fliesen zum Tanz- oder Rollschuhparkett. Alors on danse!

- La Recyclerie, 83, boulevard Ornano, 75018 Paris
  larecyclerie.com
- ÖPNV: Metro 4, Station Porte de Clignancourt

Schatzkästlein aus Stein

5 Sainte-Chapelle

Schon mal etwas von der schönsten gotischen Kirche von Paris, vielleicht sogar von Frankreich gehört? Das Juwel offenbart sich nicht gleich. Die mittelalterliche Kapelle steht versteckt auf dem Areal des ersten Königspalastes in Paris, der Conciergerie. Um sie zu sehen, muss man dem Zeitgott einen Tribut zollen, auf dem Boulevard du Palais ist immer eine kleine Schlange. Allerdings war König Ludwig IX. seinerzeit auch zu Opfern bereit, zu Fuß brachte er im Büßergewand die Dornenkrone Christi von Burgund in seine Hauptstadt, um der wertvollen Passionsreliquie einen Schrein aus Stein, Glas und Licht zu errichten.

Dass er die Dornenkrone dem byzantinischen Kaiser abkaufen konnte, war für den asketisch lebenden König ein Glücksfall. Bereits mit zwölf Jahren auf dem Thron konnte er mit diesem Schatz seine Legitimation als Vertreter Gottes auf Erden unterstreichen. Doch dafür musste er tief in seine Schatulle greifen und 135.000 Pfund zahlen. Diese Summe klingt noch ungeheuerlicher in Anbetracht der Baukosten der Kapelle, die nur mit 40.000 Pfund zu Buche schlugen und größtenteils aus Spenden der Pariser Untertanen stammten.

Nach sechs Jahren Bauzeit, 1248, wurde der zweigeschossige Bau geweiht. Als Doppelkirche steht er in der Tradition der Palastkirchen, der Reliquien-Kapelle in Byzanz und auch der Grabeskirche in Jerusalem. Doch kaum ein Sterblicher konnte die Kapelle in Augenschein nehmen und sehen, wie das Sonnenlicht durch die blauen und roten Glasscheiben bricht. Einige Höflinge wurden zu Gottesdiensten in das schlichtere Untergeschoss gelassen, die Oberkirche mit der Bilderbibel in den 15 noch mehrheitlich erhaltenen Lanzettfenstern war dagegen der königlichen Familie vorbehalten, die direkt aus dem Palast in die Kapelle gelangen konnte. Trotzdem haben der Erwerb der Dornenkrone und der Bau der Kapelle den Mythos des Königs verstärkt. Sein Volk sah in ihm einen Heiligen, was nicht einmal 30 Jahre nach seinem Tod durch den Papst bestätigt wurde.

TIPP

Seit 1371 tickt das Uhrwerk in der ersten öffentlichen Uhr an der Tour d'Horloge der Conciergerie.

- Sainte-Chapelle, 8, boulevard du Palais, 75001 Paris
- ÖPNV: Metro 4, Station Cité

Tango bei Sonnenuntergang

6

Quai St. Bernard/Jardin Tino Rossi

„Paris ist ein teures Pflaster, und was dieses Übel noch größer macht, alle Landstraßen, die zur Hauptstadt führen, sind vier Stunden im Umkreise auch gepflastert", schimpfte Ludwig Börne schon vor rund 200 Jahren. Er kannte eben die zahlreichen Vergnügungen noch nicht, die man heutzutage kostenlos in Paris genießen kann. Eine davon ist mittlerweile Tradition: am Ufer der Seine in den Sonnenuntergang zu tanzen. Passenderweise ist der Treffpunkt nach Tino Rossi, dem bis heute erfolgreichsten französischen Chansonnier benannt, der mit goldener Kehle seiner korsischen Heimatstadt Ajaccio ein musikalisches Denkmal setzte und mit dem Klassiker „Petit Papa Noel" in der Weihnachtszeit alle Generationen zum Mitsingen bringt.

Bereits seit den Neunzigerjahren versammeln sich an lauen Sommerabenden Liebhaber lateinamerikanischer Tänze am Quai St. Bernard in der Nähe des Institut du Monde Arabe. Dann verwandeln sich die sechs „Amphitheater" unterhalb eines Skulpturenparks am Square Tino Rossi in Tanzflächen. Salsa-Rhythmen und Tango-Melodien bringen allabendlich Nationalitäten und Religionen, Parisbewohner und Parisbesucher zusammen. Sogar manche Gäste der vorbeigleitenden Seine-Boote beginnen auf ihren kurzzeitigen Logenplätzen mit den Füßen zu wippen. Die Musik dringt einfach ins Blut – bei bewunderten Könnern ebenso wie bei schüchternen Anfängern, bei jungen wie bei alten Liebespaaren, und reißt auch manchen Schaulustigen an der Seite mit. Wer die richtigen Tanzschritte noch nicht kann oder Tipps vom Profi haben möchte, kann sich auch einem der kostenlosen Kurse anschließen, die Tanzlehrer hier für verschiedene Niveaus anbieten.

Wenn nach 23 Uhr der Abend ausklingt und es noch sommerschön ist, bummelt man einfach an der Seine entlang, vorbei an den Skulpturen von César, Zadkine und Brancusi. Mit einer Melodie von Tino Rossi im Ohr fällt er dann ganz leicht – der „Einkehrschwung" auf ein Glas in einem der Restaurantschiffe. Auf der „Rosa Bonheur" an der Alexanderbrücke kann man bis nach Mitternacht weiterschwofen.

TIPP

Auf der Place Colette begeistern fast jedes Wochenende Swingtänzer das Straßenpublikum.

- Jardin Tino Rossi, 2, quai Saint-Bernard, 75005 Paris
- ÖPNV: Metro 7, Station Sully-Morland; Metro 5, Station Gare d'Austerlitz

Betonbunt

7 Point Éphémère

Sobald im Frühjahr die Sonne wieder wärmt, wird es an dem von einer Allee gesäumten romantischen Canal Saint-Martin wieder lebendig. Während sich die Touristen auf einem Canauxrama-Boot gemächlich durch die neun alten Schleusen und den geheimnisvollen unterirdischen Teil des Kanals schaukeln lassen, bevölkern die Pariser die umliegenden Rasenflächen und Szene-Cafés, um einen Kaffee zu trinken und die Meldungen des Tages zu studieren. Zu verdanken haben sie den 1825 eingeweihten Wasserweg zwischen dem Bastille- und dem Stalingradplatz einem Dekret Napoléons, welcher neben der Verkehrsverbindung auch die Trinkwasserversorgung verbessern wollte. In der warmen Jahreszeit schlägt am Kanal auch wieder die Stunde einer Bar unter freiem Himmel, wo man mittags und abends auch etwas zu essen bekommt und es manchen Sonntag Brunch gibt. Die Bar gehört zum Point Éphémère, dem früheren Lager einer Baustoffhandlung aus den Zwanzigerjahren. Natürlich kann man bei einem Drink am Wasser nicht nur in einem der Liegestühle auf der Dachterrasse chillen und seinen Träumen beim Anblick der alten Schleusen nachhängen. In dem alten Industriegebäude steckt noch wesentlich mehr. Aus einer Zwischennutzung hat sich der kultige Ort längst ganzjährig zu einer festen Kulturinstitution gemausert. Mit seinen fröhlichen Graffiti auf der Fassade und der Einrichtung im Shabby Chic steht der Bau aus Beton und Backstein für das angesagte Lebensgefühl à la Berlin.

TIPP
Super Frühstück und Sonntagsbrunch gibt's im Café A, nur ein paar Schritte vom Canal entfernt.

Regelmäßig finden Ausstellungen statt und in den für ein halbes Jahr zu vergebenden Ateliers haben Nachwuchskünstler eine temporäre Arbeits- und Wohnstätte gefunden. Außerdem sind hier Tonstudios und ein Ballettraum untergebracht. An manchen Abenden laufen Low-Budget-Filme, an anderen spielen Alternative-Rockbands. Am Wochenende wird die Halle im Erdgeschoss zum angesagten Club. Dann legen DJs auf und bringen mit Elektro- oder Hip-Hop-Beats nicht nur die alten Gemäuer bis tief in die Nacht zum Schwingen.

● Point Éphémère, 200, quai Valmy, 75010 Paris
pointephemere.org
● ÖPNV: Metro 2 und 5, Station Jaurès; Metro 7, Station Louis Blanc

U S I N
EPHEM

Sonnenuhr mit Knalleffekt

8

Palais Royal

Im Palais Royal, wo einst Richelieu zu Hause war und später Ludwig XIV. aufwuchs, sind heute das französische Kultusministerium und der Staatsrat, die höchste verwaltungsrechtliche Instanz, beheimatet. An das Palais Royal grenzt ein Garten, der von arkadengesäumten Galerien eingefasst ist. Dieses Geviert bildet einen von außen uneinsehbaren, idyllischen Ort. Seinem Zauber erliegt man am schnellsten, wenn man von Norden aus der Passage des Deux Pavillons kommend (via-à-vis der Galerie Vivienne) durch die Arkaden tritt und sich der Blick in den Gartenraum weitet. Dieses Panorama genoss die Schriftstellerin Colette in den Zwanzigerjahren täglich, als sie nur ein paar Meter weiter in der 9, rue Beaujolais mit Fenster zum Garten wohnte. Morgens pflegte sie dort mit Katze und Bulldogge frische Luft zu schnappen und die übrigen Parkgäste genüsslich bei deren Morgenritualen zu beobachten.

TIPP

Im Ehrenhof sind die gestreiften Säulen von Daniel Buren ein beliebtes Fotomotiv.

Manchmal ertönt mittwochs zur Mittagszeit ein ungewohnter Knall im Garten. Hinter dem Taubenschreck steckt eine kleine, mittlerweile erneuerte Kanone, die hier bereits im 18. Jahrhundert ihren Dienst tat. Sie ist auf dem historischen Pariser Nullmeridian positioniert, der in der Stadt durch über 100 „Arago-Plaketten“ aus Messing markiert ist. In früheren Zeiten löste sich nur ein Schuss, wenn sich keine Wolke vor die Sonne geschoben hatte. Dank elektronischer Zündung ist der Knall heute wetterunabhängig. Die „akustische“ Sonnenuhr galt lange Zeit als wichtigster Zeitgeber in der Stadt. Die vornehme Gesellschaft versammelte sich gern, um durchs Monokel auf die eigene Taschenuhr zu äugen und die korrekte Zeitangabe zu prüfen.

Ein Knall ganz anderer Art ging von diesem Ort am 12. Juli 1789 aus. Im heute nicht mehr existenten Café de Foy in der nordwestlichen Ecke der Anlage erklomm Camille Desmoulins einen der Tische und wütete über die Absetzung des Ministers Necker. Aux armes, citoyens – zu den Waffen, Bürger! Das war der Zündfunke der Französischen Revolution.

- Domaine national du Palais Royal, 8, rue Montpensier, 75001 Paris
- ÖPNV: Metro 1, Station Palais Royal – Musée du Louvre

Bücher, Bildung und Barock

9 Bibliothèque Mazarine/Académie française

Was haben der Fabeldichter Jean de la Fontaine, der „Nationalschriftsteller" Victor Hugo, die erste Präsidentin des Europaparlaments Simone Veil und der Universalkünstler Jean Cocteau gemeinsam? Sie haben den Ritterschlag für frankophone Intellektuelle empfangen und gehörten zu den Erwählten der Académie française, die seit rund 200 Jahren unter der vergoldeten Kuppel von Louis Le Vau im Institut de France tagt. Durch die hölzerne Brücke Pont des Arts mit dem Louvre verbunden, hat sich der 1688 vollendete Bau schon auf viele romantische Fotos gemogelt.

Ursprünglich für das Collège des Quatre-Nations bestimmt – 1661 von Kardinal Mazarin gegründet – ist der Barockbau heute Sitz von fünf Akademien der Wissenschaften und Künste. Die berühmteste ist die Académie française, die den französischen „Duden" herausgibt, Literatur prämiert und Museen unterhält. Jeden Donnerstag versammeln sich die jeweils 40 lebenden „Unsterblichen" in grün-gold besetzten Fräcken zu ihren Besprechungen im Kuppelsaal. Normalsterbliche dürfen jeden Samstag (außer im August) einen Blick auf die Fauteuils und Mazarins Grab werfen. Im östlichen Seitentrakt des Kuppelbaus werden kulturinteressierte Besucher auch wochentags gern empfangen. Seit 1691 ist hier die Bibliothèque Mazarine als erste öffentliche Bücherei Frankreichs beheimatet. Auf 14.000 Regalmetern sind die frühere Privatbibliothek des königlichen Ministers, Kirchenarchive und unzählige Handschriften aus privaten Nachlässen untergebracht. In diesem „Buchmuseum" haben es die, die zum Recherchieren einen Platz im drei Jahrhunderte alten Lesesaal zugewiesen bekommen, schwer. Immer schweift der Blick ab zu den von der Stuckdecke herabhängenden Kronleuchtern, den von kannelierten Säulen gestützten Holzregalen mit geschnitzten Wappen des Kardinals oder auf die Galerie der antiken Porträtbüsten. Bei Führungen durch eine der reichsten Bibliotheken der Welt gibt es manchmal die Möglichkeit, in uralte Folianten und besondere Schätze wie Mazarins persönliche Bibel von 1455 zu linsen.

TIPP

Hinter der Akademie auf dem Square Gabriel Pierné kann man ungestört in seiner Lektüre versinken.

● Institut de France, 23, quai de Conti, 75006 Paris
institutdefrance.fr, bibliotheque-mazarine.fr
● ÖPNV: Metro 7, Station Pont-Neuf

Ohne Phantom fantastisch

10

Opéra Garnier

Was für ein Anblick – das mondäne Treppenhaus der Opéra Garnier ist einfach umwerfend. Um 1900 raubte die Szenerie auf der Treppe dem Geschehen auf der Bühne regelmäßig die Show. In die Oper kam, wer der Welt seinen Wert in der Gesellschaft präsentieren wollte. Daher mutet der Zuschauerraum unter der von Marc Chagall gestalteten Kuppel im Vergleich zu den Foyers schon fast winzig an. Erdacht hat sich den Prunk der Architekt Charles Garnier, der von Kaiser Napoléon III. den Auftrag bekam. Der damals noch unbekannte Baumeister erschmeichelte sich die Gunst des Kaisers mit der Auslobung eines neuen Stils: „Napoléon III.". Sein opulenter historistischer Entwurf fand allerdings manche Kritiker.

Garnier hat sich dennoch mit seinem Opernhaus – bis heute das flächenmäßig größte Theater der Welt – einen Platz in der Geschichte reserviert. Das hat ihn jedoch nicht davor geschützt, bei der Einweihung 1875 nicht eingeladen zu werden. Da sein Protektor Napoléon III. 1870 nach London geflüchtet war, musste Garnier Eintritt zahlen. Zuvor hatte schon die Präsentation einer Portalfigur einen Skandal verursacht. Mit seiner Dynamik begeisterte Carpeaux' „Tanz" zwar alle Damen, die Herren echauffierten sich jedoch. Sogar mit Tusche wurde die Figur verunstaltet. Nur weil der ebenfalls ungehaltene Kaiser abdanken musste, ist der tanzende Genius immer noch eine Augenweide.

Die großen Stimmen erlebt man seit 1989 in der Opéra Bastille, in der alten Oper schweben nur noch Balletttänzer über die Bühne. Trotzdem ist das Haus wegen Garniers Geniestreich in der ganzen Welt bekannt. Als der Bau wegen Grundwasserproblemen zu scheitern drohte, machte der Architekt kurzerhand aus der Not eine Tugend. Er fing das Wasser in einer großen Wanne auf, die er gleichzeitig als Fundament nutzte. Dieses Becken hat die Legende vom See unter der Oper begründet. Dort unten soll das Phantom aus der Geschichte von Gaston Leroux hausen. Das Phantom wurde zwar bis heute nicht gesichtet, aber wer weiß?

TIPP

Den „Tanz" an der Fassade hat Paul Belmondo geschaffen, Carpaux' Original ist im Musée d'Orsay.

- Palais Garnier, Place de l'Opéra, 75009 Paris
  operadeparis.fr
- ÖPNV: Metro 3 und 7, Station Opéra; RER A, Station Auber

AMPHITHEATRE
BAIGNOIRES · ORCHESTRE

Mittags aufs „Grüne Band“

11 Coulée verte René-Dumont & Viaduc des arts

Verwunschene Winkel, abgeschirmt durch Gesträuch, lassen sich für ein sonniges Nickerchen zur Mittagszeit mühelos auf der Promenade plantée finden. Beete mit Pflanzenvielfalt gibt es zuhauf – hoch gelegen, etwa 7 Meter über dem Trottoir.

Für ihr Laisser-faire im positiven Sinne muss man die Stadtplaner loben. Als die Bahnstrecke zwischen dem Place de la Bastille und dem östlichen Stadtwald, dem Bois de Vincennes, 1969 außer Dienst genommen wurde, war die Aufgabe zunächst klar: Das Viadukt von 1859 sollte zurückgebaut werden, um Platz für eine neue Planung zu machen. Die alte Schienentrasse war aber derart mit ihrer Nachbarschaft verschmolzen, dass der Abriss teuer, langwierig und nur unter massiven Eingriffen in die übrige Struktur möglich gewesen wäre. Deshalb dachten die Planer neu, beließen jeden einzelnen Backstein an seinem Ort und widmeten die alte Eisenbahnstrecke um. Das Viadukt wurde auf Vordermann gebracht, die Kasematten restauriert. Unter den Gewölben hat sich eine bunte Mischung aus Kunsthandwerkern, Designern und Cafés breitgemacht, der Viaduc des arts.

Wo einst die Schienen verliefen, haben die Pariser Gärtner eine grüne Oase über dem Treiben der Stadt geschaffen. Entlang von Wasserbecken und Beeten mit Akanthus und Schwertlilien lässt es sich herrlich flanieren und ab und an unter rosenumrankten Laubengängen hindurchtauchen. Von oben kann man auch einen neugierigen Blick in manches der unglaublich nahen Fenster in der Beletage riskieren oder sich an Michelangelos „Sklaven“ ergötzen. Das Original aus dem Louvre wurde mehrfach kopiert und ziert als monumentaler Fries die Polizeiwache des 12. Arrondissements.

Steigt man nach knapp 2 Kilometern wieder auf das Straßenniveau herab, erahnt man im Jardin de Reuilly noch die Ausmaße des früheren Ringlokschuppens im Gelände. Von dort führt das Grüne Band – jetzt auch für Radler und Skater nutzbar – bis an den Stadtrand. Wer nach 4,5 Kilometern noch Puste hat, kann eine Runde im Stadtwald anschließen.

TIPP

Das Mittagsmenü zum Mitnehmen in den Hochgarten gibt's ganz frisch auf dem nahen Marché d'Aligre.

- Coulée Verte, Beginn rue de Lyon/avenue Daumesnil, 75012 Paris
- ÖPNV: Metro 1, 5 und 8, Station Bastille

Wenn Scheherazade erzählt

12 Grande Mosquée de Paris

Granatapfelblüten, duftender Jasmin, Palmen und Feigen, dazu ein sprudelnder Brunnen, türkisblaue Wasserbecken im Kontrast zur weißen Architektur – im andalusischen Garten der Großen Moschee machen die Gedanken einen Ausflug gen Osten. In diesem Sinnbild des Paradiesgartens findet sich immer ein versteckter Winkel, um ungestört in Scheherazades Geschichten aus 1001 Nacht zu versinken.
Vom Botanischen Garten und der quirligen Rue de Mouffetard nur ein paar Schritte entfernt, ist die Moschee mit ihrem 33 Meter hohen Minarett schon von Weitem auszumachen. Zwischen 1922 und 1926 wurde sie als erstes eigenständiges islamisches Gotteshaus in Frankreich mit staatlichen Geldern errichtet. Der große Bau in maurischem Stil ist ein Symbol der Dankbarkeit für die 70.000 Muslime, die im Ersten Weltkrieg für Frankreich ihr Leben gelassen haben.
Außer freitags können neben der Haupthalle auch der Gebetsraum und die Bibliothek besichtigt werden. Vor rund 100 Jahren schnitzten Handwerker aus dem Maghreb die persischen Verzierungen der Arkaden und die Koranverse am großen Portal aus Zedernholz. Nach traditionellem Vorbild sind auch die bunten Fayencen mit geometrischen Mustern auf den Zwillingssäulen sowie das grüne Ziegeldach gehalten.

TIPP

Das Hamam dort ist Frauen vorbehalten. 28, rue Monsieur Le Prince, 75006 Paris, ist eins für alle.

Um das Sinneserlebnis perfekt zu machen, fehlt nur noch der Besuch im kleinen Restaurant und dem zugehörigen Teesalon. Umgeben von schillernd buntem Dekor kann man dort nordafrikanische Köstlichkeiten auf einem fernöstlichen Diwan probieren. Bei schönem Wetter schmecken ein frischer Minztee, Couscous und Tajine noch besser im idyllischen Innenhof. Für Leckermäuler bringt das Personal zum Abschluss noch eine riesige Platte mit orientalischem Gebäck. Wer sich angesichts der Auswahl nicht entscheiden kann, kann aus der Patisserie auch etwas für später mit nach Hause nehmen. Vom Hof aus gelangt man außerdem in einen kleinen Laden, in dem man neben Literatur auch allerhand Dekoratives für den 1001. Traum daheim erstehen kann!

- Mosquée de Paris, 39, rue Geoffrey Saint-Hilaire, 75005 Paris
- ÖPNV: Metro 7, Station Monge oder Cencier–Daubenton

Paradies für Flaneure

13 Passagen am Boulevard Montmartre

Regenwetter? Schön – denn das ist die beste Zeit für einen Bummel durch die Passagen. Unter ihren Glasdächern lässt es sich wunderbar flanieren. Möglich ist dies seit gut 200 Jahren, als die ersten dieser „Immobilienfonds“ wie Pilze aus dem Boden schossen. Heute gibt es nur noch ein Fünftel dieser einst rund 100 überdachten Ladenstraßen. Die heute zweitälteste Galerie ist die 1799 eröffnete Passage des Panoramas, in welcher der 1831 frisch in Paris angekommene Heinrich Heine erstmals einer Pariser Kokotte den Hof gemacht haben will. Benannt ist sie nach zwei Panoramen auf dem Boulevard, wo sich die kleinen Leute in die große Welt träumen konnten. Als die Bilder laufen lernten, wurden die Säle abgerissen, nur ihr Name ist geblieben.

Heute kommt man hierher, um in einem der Lädchen in historischen Postkarten oder Briefmarken zu stöbern oder unter Glasdach einen Kaffee oder Mittagssnack zu genießen. In den denkmalgeschützten Laden des hier 1836 etablierten Graveur Stern (heute nahe der Champs-Élysées ansässig) ist das elegante Caffè Stern gezogen. Wer es sich in Gesellschaft geflügelter Wölfe gemütlich macht, muss aber einen Zuschlag für das gediegen dekorierte Ambiente von Stardesigner Philippe Starck einkalkulieren.

Ein paar Meter weiter werden die Gäste des „Canard et Champagne“ in historischer Ladeneinrichtung von einem katzbuckelnden Louis de Funès begrüßt – einer Szene aus „Le grand restaurant“. Zum Champagner kann man hier Entenbrust oder auch einen Entenburger ordern.

Auf der gegenüberliegenden Seite des Boulevards liegt die Passage Jouffroy, die sogar über eine historische Fußbodenheizung verfügt. Auf geht's zum Schaufensterbummel mit einer bunten Mischung aus Tinnef und Törtchen, Wachsfiguren, alten Büchern und edlem Papier. Unter dem Namen Fayet lebt das legendäre Geschäft der Brüder Segas weiter: Hier findet auch heute noch jeder Flaneur seinen Spazierstock.

TIPP

Von der Passage Jouffroy kann man den Spaziergang unter Dach in die Passage Verdeau fortsetzen.

● Passage des Panoramas/Passage Jouffroy, boulevard Montmartre, Höhe Nr. 10
● ÖPNV: Metro 8 und 9, Station Grands Boulevards

CARTES DE VISIT
STERN
Graveur
GALERIE DES VARIETES
PHILATELIE
ACHAT
VENTE
ESTIMATION
ASTAIR
STERN

Methusalem aus Holz

14

Square Viviani

Im Wappen von Paris ist ein Segelschiff dargestellt. Die gängige Begründung ist die Schiffsform der Île de la Cité, die als Keimzelle des römischen Lutetia gilt. Mit den Höhen und Tiefen in der Stadtgeschichte lässt sich die Devise von Paris im Wappen erklären: Fluctuat nec mergitur. Das Schiff – es schwankt, aber es geht nicht unter.

Er schwankt, aber er geht nicht ein, kann man über einen hölzernen Zeitzeugen sagen. 1601 hatte Jean Robin, Hofgärtner Heinrichs IV., eine „Falsche Akazie" im damaligen Kräutergarten der Medizinischen Fakultät gepflanzt. Heute nennt man diese Bäume Robinien. Von Efeu umwunden muss der älteste Baum von Paris mittlerweile auch durch Beton gestützt werden, aber zäh treibt er jedes Jahr wieder weiße Dolden.

Wegen des Blicks zur Kathedrale Notre-Dame wird der Square Viviani als „schönster Garten von Paris" bezeichnet. Der berühmteste Baum von Paris stand hier in vollem Saft, als die Revolutionäre die Figuren der vermeintlichen französischen Könige aus der Kirchenfassade rissen und das Innere zum Lager und zum Stall bestimmten. Die Robinie wurde Zeuge, als das damals als unmodern geltende gotische Gotteshaus mit Planen verhüllt wurde, um anlässlich der Krönung Napoléons den Anschein eines antiken Tempels zu erwecken.

Erst Victor Hugos Geschichte des Glöckners Quasimodo von 1831 stärkte in der Bevölkerung das Bewusstsein für den Wert der Kathedrale. Mittels zahlreicher Spenden wurde Baumeister und Denkmalpfleger Viollet-le-Duc engagiert, der der Kirche ihr harmonisches Aussehen gab. Inmitten des Gärtchens hörte der berühmteste Baum von Paris die Glocken von Notre-Dame läuten, als die Alliierten unter General Leclerc am 25. August 1944 die Pariser Stadtgrenze erreichten und die deutschen Besatzer zur Kapitulation in der unzerstörten Hauptstadt zwangen.

Im April 2019 sah der 400-jährige Baum auch den brennenden Dachfirst des mehr als doppelt so alten Monuments. In ihrer wechselvollen Geschichte gilt auch für Notre-Dame: Fluctuat nec mergitur.

TIPP

Die Ikonen in der benachbarten Kirche Saint-Julien-le-Pauvre kann man auch bei Konzerten bewundern.

- Square René-Viviani – Montebello, 2, rue du Fouarre, 75005 Paris
- ÖPNV: Metro 4, Station St. Michel oder Cité

Spielplatz früher & heute

15

Die Arena von Lutetia

Auf den ersten Blick wirkt das Portal in der Rue Monge wie eine etwas überdimensionierte Haustür. Die Neugierigen, die hindurchtreten, befinden sich praktisch in einem Zeittunnel. Ein bisschen Phantasie genügt, um in der Arena des römischen Lutetia zu stehen. Als Zeitreisender setzt man sich natürlich nicht gefährlichen Gegnern aus, sondern betrachtet das römische Relikt aus sicherer Entfernung. Erst um 300 nach Christus wurde Lutetia nach dem hier beheimateten gallischen Stamm der Parisii umbenannt.

Zwei Jahrhunderte lang hatte die Arena einen wichtigen Platz im gesellschaftlichen Leben der römischen Siedlung. Für Theateraufführungen oder Schaukämpfe strömten die Bewohner damals in Scharen an den Stadtrand. Rund 15.000 Besucher konnten mitverfolgen, wenn sich die Käfigtüren öffneten und Raubkatzen aufeinander losgelassen wurden. Oder sie feuerten gestählte Gladiatoren an, die mit den Kreaturen fertig werden mussten, um sich bis zum nächsten Kampf zu retten.

TIPP

Nebenan am Square Capitan gibt es einen italienischen Brunnen und einen Spielplatz für kleine Leute.

Nach Invasionen im 3. Jahrhundert wurde die Anlage aufgegeben und später als Steinbruch für eine neue Stadtmauer geplündert. Über eineinhalb Jahrtausende lag sie in einem Dornröschenschlaf und geriet in völlige Vergessenheit. Ab Mitte des 19. Jahrhunderts gehörte das Areal des ältesten Pariser Monuments der städtischen Busgesellschaft. Bei Baumaßnahmen kamen antike Reste zum Vorschein, denen man jedoch anfänglich keinen Wert beimaß. Erst nachdem der Dichter Victor Hugo seine gewichtige Stimme erhob und sich zum ehrenamtlichen Denkmalpfleger aufschwang, entschied sich der Magistrat zum Erhalt der Arena.

Auch heute noch finden auf dem Platz – versteckt im Quartier Latin – Spiele und Kämpfe statt. Doch es geht nur noch ums „Schweinchen", nicht um Leben und Tod. Hier treffen sich Nachbarn für eine Partie Pétanque. Wenn nicht gerade Vereine ihre Meister ermitteln, bekommt manch schüchterner Beobachter auch eine der Metallkugeln in die Hand gedrückt. Tipps für den richtigen Effet gibt's gratis dazu.

- Arènes de Lutèce, 49, rue Monge, 75005 Paris
- ÖPNV: Metro 7, Station Place Monge (Ausgang Rue de Navarre)

Vergnügen à l'anglaise

16 Parc Monceau

Verspielt wie sein Auftraggeber ist er, der Monceau-Park. Der Garten im englischen Stil wurde ab 1773 für den anglophilen Herzog von Orléans angelegt. Seine liberalen Ansichten machten ihn zum Enfant terrible des Hofes. Er steckte Geld und Zeit in Vergnügungen und ließ auch das Volk teilhaben. Seine Popularität brachte ihm während der Revolution als „Philippe Égalité" sogar einen Sitz im Nationalkonvent ein, was ihn aber nicht vor Robespierres Verfolgung bewahrte.
Als kurz vor der Revolution die Zollmauer der Generalpächter errichtet wurde, trafen die Veränderungen auch den romantischen Parc Monceau entlang des heutigen Boulevard des Courcelles. Architekt Claude-Nicolas Ledoux ließ es sich jedoch nicht nehmen, ein Zollbüro zu entwerfen, das sich als antiker Tempel in die Gartenanlage einpasst. Wo früher die Zollpächter dick im Geschäft waren, werden heute „Geschäfte gemacht". Mit seiner von 16 Säulen getragenen Kuppel ist das Gebäude heute das schönste städtische Toilettenhäuschen, neben dem eines der vergoldeten Eisentore in den Garten führt.
Eine der „Folien", der Gartenspielereien, ist eine ägyptische Pyramide, die den Herzog als Freimaurer ausweist. Ein Stück weiter kann man durch eine Arkade des Pariser Rathauses aus der Renaissancezeit schreiten, die bei Umgestaltungen des Parks im 19. Jahrhundert hier ihren Platz fand. Ebenfalls im östlichen Teil des Gartens steht am Rand eines ovalen Wasserbassins eine Kolonnade. Deren korinthische Säulen waren ursprünglich von Königin Katharina de Medici für das Begräbnis ihres Gemahls in Saint-Denis bestimmt. Heute bilden sie als Kulisse der „Naumarchie" – in der Antike ein Bassin für gespielte Seeschlachten – ein charmantes Fotomotiv. Nahe der kleinen italienischen Brücke über den künstlichen Bach dreht eines der zauberhaften historischen Karussells seine Runden. Ebenso lieben die Kinder eine Runde im Pony-Sattel, während der Rest der Familie im Schatten alter Bäume auf der Picknickdecke entspannt.

TIPP
Südlich des Parks (48, rue de Courcelles) steht das Maison Loo, eine Galerie im Stil einer Pagode.

- Parc Monceau, 35, boulevard de Courcelles, 75008 Paris
- ÖPNV: Metro 2, Station Monceau

Stöbern unter freiem Himmel

17 Die Bouquinisten an der Seine

Hier gibt es für jeden etwas zu entdecken. Am Nachmittag trudeln die rund 200 Bouquinisten an ihren etwa 8 Meter langen Ständen mit bis zu vier Boxen ein, um antiquarische Bücher und Comics, historische Stadtansichten und ausgesuchten Nippes an Bücherliebhaber und Souvenirfreunde zu verkaufen.
Bevor François Mitterrand Staatspräsident wurde, gehörte er zu den Stammkunden. Sobald es seine Zeit erlaubte, spazierte der belesene Politiker von seiner Wohnung in der Rue de Bièvre ans nahe gelegene Ufer der Seine, um zu stöbern. An die Spitze des Landes gewählt, behielt er sein Domizil im 5. Arrondissement bei und bezog lediglich ein Büro im Élysée-Palast. An manchen Tagen machte er als „normaler Bürger" weiter seine Runde über die Ludwigsinsel und brachte seine Leibwächter damit um den Verstand.
Der Name der Händler an der Seine geht auf eine alte Bezeichnung für kleinere Bücher zurück, mit denen die ersten dieser Lebenskünstler bereits im 16. Jahrhundert in der Stadt gesichtet wurden. Direkt nach ihrer Einweihung Anfang des 17. Jahrhunderts mauserte sich die Pont-Neuf-Brücke zum beliebten Umschlagplatz für Waren aller Art – immer mittenmang die Bouquinisten. Als es König Ludwig XIII. jedoch mit dem Gefeilsche vor der eigenen Tür zu unübersichtlich wurde, bereitete er dem Treiben ein Ende. Während der Revolution waren die Händler wieder da, um eine immense Menge an Aufsätzen zur Lage der Nation unter das Volk zu bringen. Mit ihren Bauchläden wurden ihnen die Seine-Ufer zugewiesen. Als Engel der Buchhändler entpuppte sich Kaiser Napoléon III., der ihnen ab 1859 feste Stände zubilligte. Heute zählen die grünen Kästen als Bestandteil des Seine-Ufers zum UNESCO-Weltkulturerbe.
Am Wochenende trifft man beim Bummel entlang der antiquarischen Perlenschnur vielleicht die erste deutsche Bouquinistin. Beim Stöbern in ihren Schätzen vis-à-vis der Nr. 17 am Quai Voltaire lässt der kleine Glücksfund sicher nicht lange auf sich warten.

TIPP

Als Stöberort legendär ist auch der Buchladen „Shakespeare & Company" (37, rue de la Bûcherie).

- Seine-Quais zwischen Louvre und Île St. Louis, 75004 Paris
bouquinisteallemande.fr
- ÖPNV: Metro 7, Stationen Pont Neuf, Pont Marie; Metro 4, Station St. Michel

LES THÉORIES
L'ARCHITECTURE
L'ISLAM
PROCHE ORIENT
L'ÉCRITURE

Picassos Aura

18 Place Émile Goudeau

Nirgends waren wir so glücklich wie hier, soll Picasso über den romantischen Platz am Montmartre gesagt haben. Im Sinn hatte er jedoch nicht das Pittoreske des Ortes, sondern die Ateliers im Bateau Lavoir. In kleinen Verschlägen – Bett, Stuhl, Staffelei und im ganzen Haus nur eine Wasserstelle – hockten die Künstler dicht beisammen. Weil es so eng war wie bei den Dienstmädchen auf den Waschbooten an der Seine, wurden diese spöttisch zum Sinnbild der Holzbaracke. In der früheren Pianofabrik hatte Picasso an seinen eckig-abstrakten „Fräulein von Avignon" gearbeitet, deshalb galt der wildromantisch verwahrloste Bau als Wiege des Kubismus. Als sich vorwitzige Besucher bis an die Kissen der noch schlummernden Künstler wagten, gab Picasso 1909 die Maxime aus, sich am Montparnasse einen neuen gemeinschaftlichen Ort der Inspiration zu schaffen.

Das 1978 nach einem Brand wiederaufgebaute Haus beherbergt heute wieder Kreative, die ihre vor allzu neugierigen Blicken geschützte Oase auf dem Montmartre zu schätzen wissen.

Auch ohne das originale Atelierhaus hat sich der zur Innenstadt abschüssige Platz seinen Zauber bewahrt. Unter alten Kastanien stehen Bänke, auf denen sich immer ein schattiges Plätzchen finden lässt, um das „Straßenkino" zu beobachten. Nebenan plätschert eine der rund 100 Wallace-Fontänen. Die grün gelackten Brunnen hatte der Paris-vernarrte Engländer Richard Wallace um 1900 gestiftet. Das Wasser, das zwischen den Karyatiden, den anmutigen kuppeltragenden Damen, hervorsprudelt, kann man getrost trinken.

Einer, der die Seele von Paris zigfach auf die Leinwand bannte, war der Nouvelle-Vague-Filmemacher Eric Rohmer. In seinem „Rendez-vous in Paris" hat er den Charme des Platzes eingefangen und das kleine Hotel neben dem Bateau Lavoir zum Hauptschauplatz gemacht. Aus den oberen Zimmern des Hotels beginnt der Tag mit einem Blick zu Sacré-Cœur, der für ein Pärchen in Rohmers Film ein unerreichbarer Wunschtraum bleibt. Gut, dass man heute so einfach reservieren kann.

TIPP

Pärchen zieht es ins Gärtchen an der Place des Abbesses zur Mauer mit Liebesschwüren in 250 Sprachen.

- Place Émile Goudeau, 75018 Paris
- ÖPNV: Metro 12, Station Abbesses

2000 Jahre geweihte Erde

19 Saint-Pierre de Montmartre

Ein Ort der Stille am Montmartre? Die weiße „Zuckerbäcker-Basilika“ Sacré-Cœur, die malerisch hoch über Paris thront und zweifellos eine der Hauptattraktionen ist, ist nicht gemeint. Sie wurde erst ab 1875 als Zeichen der Buße nach dem Deutsch-Französischen Krieg oberhalb eines Steinbruchs errichtet und 1919 als Kirche geweiht. Im Schatten des mächtigen neoromanisch-neobyzantinischen Baus duckt sich gen Westen eher unbeachtet eine der ältesten Kirchen von Paris – an einem Ort, der schon zur Zeit der Römer als Kultstätte bekannt war. Die mehrmals von Zerstörung bedrohte kleine Kirche empfängt schon fast trotzig bis heute diejenigen, die einen Moment der Ruhe suchen.

Saint-Pierre wurde erbaut, als die Gotik in den Startlöchern stand, das Ringen um die Ablösung der Romanik ist an vielen Stellen im Kircheninneren abzulesen. Die Bauleute haben sich erstmals in Paris an einem Kreuzrippengewölbe versucht, was man im ersten Joch des Chores oberhalb des modernen Altars entdecken kann. Da die Handwerker noch übten, setzt das Gewölbe nicht ganz perfekt auf den Säulen auf, die durch das jahrhundertelang lastende Gewicht auseinandergedriftet sind. Über die 1147 geweihte Abteikirche eines kurz zuvor gegründeten Benediktinerinnenkonvents hielt zunächst König Ludwig VI. seine schützende Hand. Seine Witwe Königin Adelaide von Savoyen zog sich hierher bis zu ihrem Lebensende zurück, ihr Grabstein ist bis heute erhalten. Die Jahrhunderte haben auch grüne Marmorsäulen im Kircheninneren überdauert– zwei im Chor sowie zwei links und rechts des Hauptportals. Sie gehörten vermutlich zu einem Tempel aus gallorömischer Zeit. Als Paris noch Lutetia hieß, hatten die Römer auf den Erhebungen rund um die Stadt Beobachtungsposten installiert. Auf dem großen Hügel im Norden hatten sie außerdem Tempel errichtet, in denen sie dem Handelsgott Merkur und dem Kriegsgott Mars huldigten.

Wenn man heute heimlich einen der marmornen Zeitzeugen berührt, meint man, die „Heiligkeit des Ortes“ zu spüren.

TIPP

Vom Turm der Sacré-Cœur sieht man die Stadt, das alte Kloster und die größte Glocke Frankreichs.

- Saint-Pierre de Montmartre, 2, rue du Mont-Cenis, 75018 Paris
- ÖPNV: Metro 2, Station Anvers; Metro 12, Station Abbessses

Amélies fabelhafte Welt

20 Filmschauplätze am Montmartre

Wer erinnert sich nicht an Amélie? Einen „gigantischen Glückskeks" hatte der Spiegel-Kritiker den Film genannt, der sich im Sommer 2001 nicht nur in Frankreich zum Kinohit entwickelte. Mehr als 23 Millionen Menschen weltweit wollten der jungen Kellnerin dabei zusehen, wie sie bei ihrem Vater, Nachbarn und Kollegen das kleine Glück über die Türschwellen schubst und dabei ihr eigenes Glück fast verpasst. Besonders die Pariser waren fasziniert vom Stadtmärchen und vor allem vom Charme der Schauplätze, die ihnen bisher als viel zu touristisch erschienen waren. Binnen kurzer Zeit hatten Touren auf Amélies Spuren in Montmartre Hochkonjunktur.

Auf der schon immer gut besuchten Marktstraße des Quartiers, der sich den Hügel hinaufwindenden Rue Lepic, sah man nun häufiger Grüppchen, die sich neugierig vor den Fenstern des Café des 2 Moulins tummelten. Nach einem Besitzerwechsel ist es heute nur noch an den großen Filmplakaten als Amélies Arbeitsplatz auszumachen. Die Patina der urigen Bar Tabac mit dem großen Tresen und den kippligen Holzstühlen hat sich nach einer Renovierung verflüchtigt.

Wer jedoch weiter östlich die Stufen der Passage Abbesses zur Rue des Trois Frères erklimmt, steht just vor dem „Büdchen" des Monsieur Collignon. In diesem Winkel von Montmartre versorgt die kleine Épicerie ihre Stammkunden mit elementaren Lebensmitteln, der Zeitung und dem Klatsch des Quartiers. Fotos der Dreharbeiten oder einer der großen Gartenzwerge, den heimlichen Stars des Films, zaubern nicht nur Amélie-Fans ein Lächeln ins Gesicht. Mit dem Gefühl, die aus dem Nebeneingang gerade auf die Straße getretene Amélie nur um Minuten verpasst zu haben, kann man sich, gut versorgt mit einem Tütchen Kirschen, gen Sacré-Cœur wieder ins Gewimmel begeben. Nach ein paar Schritten gelangt man zur Place Saint-Pierre, wo am Rand des Parks unterhalb der Basilika die alten Holzpferde des historischen Karussells ihre Runden drehen. Ein guter Ort, um weiter nach dem kleinen Glück Ausschau zu halten.

TIPP
Weitere Schauplätze: der Canal St. Martin und die Treppe links der Gare de l'Est.

- Au Marché de la Butte, 56, rue des Trois Frères, 75018 Paris
- ÖPNV: Metro 12, Station Abbesses

Fondée MAISON en 1956
COLLIGNON
RCHE DE LA BUTTE FRUITS ET LEGUMES
CREMERIE

Die Kunst der Technik

21 Musée des Arts et Métiers

Schon mal der Erde beim Drehen um die Sonne zugesehen? Das ist in einem der ältesten Klöster von Paris möglich. 1794, während der Revolutionszeit, kümmerte sich Abt Gregoire darum, die Benediktiner-Abtei Saint-Martin-des-Champs in ein Museum für Kunst und Gewerbe zu verwandeln. In den historischen Mauern im Marais wird heute die Geschichte der Technik erzählt.

Bei seiner Gründung Mitte des 11. Jahrhunderts lag das Kloster noch extra muros, inmitten von Feldern. Rund 100 Jahre später begann der Bau einer größeren Ordenskirche. Der doppelte Chorumgang noch im romanischen Stil ist der älteste Teil des Kirchenbaus, durch den auch heute viele Besucher defilieren. In ihrer „Prozession" nähern sie sich dem Pendel von Léon Foucault, welches im ehemaligen Chor mit stoischer Gelassenheit einen Kreis umschreibt. Mit dieser sich selbst in Bewegung setzenden Metallkugel stellte der Physiker 1851 die Ehre Nikolas Kopernikus' wieder her und bewies dessen Theorie der Erdrotation. Der Magie des Pendels konnte sich auch Umberto Eco nicht entziehen, der es in seinem Roman jedoch zu einer raffinierten Mordwaffe machte. Das größte Exemplar aus Foucaults Versuchsreihe schwingt heute unter der rund 60 Meter hohen Kuppel des Panthéon.

TIPP
Mit Kupferwänden und Bullaugen erinnert die Metrostation an ein historisches U-Boot.

Beim Anblick der im Gewölbe schwebenden frühen Flugapparate bekommen nicht nur Technikfans glänzende Augen. Zwischen Lokomotiven und Robotern gibt es viel zu entdecken, etwa den ersten Peugeot, der noch mehr einer Droschke als einem Automobil ähnelt. Selbst als Modell noch sehr beeindruckend ist die Maschinerie von Marly, mit der „auf Zuruf" das Wasser zu den Fontainen des Versailler Schlossgartens gepumpt wurde, wenn der Sonnenkönig Bewunderung wollte. Im Museumsgarten wartet eine berühmte Dame: Das Modell stammt von dem gewagten künstlerisch-technischen Gemeinschaftsprojekt von Frédéric-Auguste Bartholdi und Gustave Eiffel ab. Nach über zehnjähriger Arbeit hatten sie mit ihrer Freiheitsstatue der Stadt New York 1886 ein neues Wahrzeichen geschenkt.

- Musée des Arts et Métiers, 60, rue Réaumur, 75003 Paris
arts-et-metiers.net
- ÖPNV: Metro 3 und 11, Station Arts et Métier

Zur Kur nach Paris

22

Der Artesische Brunnen der Butte aux Cailles

Paris als Heilbad? Eine Kur in „Bad Paris“ ist in dieser immer geschäftigen Stadt vielleicht etwas überraschend. Doch einige Pariser schwören auf die heilende Kraft ihrer artesischen Brunnen, manche kommen mit großen Kanistern. Das hügelige Paris ist wie geschaffen für artesische Brunnen. Aktuell gibt es drei in der Stadt, die aus rund 600 Meter Tiefe, ohne zu pumpen, schwefel- und eisenhaltiges Wasser zu Tage fördern. Die Trinkwasserqualität dieser Wasserspender wird regelmäßig geprüft.

Eine dieser Brunnenanlagen findet man auf der Place Paul Verlaine im Quartier Butte aux Cailles. Bereits im 19. Jahrhundert wurde dort Wasser aus der Tiefe geholt, um die Bevölkerung mit gesundem Nass zu versorgen. Das Wasser aus der Bièvre, einem heute nicht mehr sichtbaren Nebenarm der Seine, war durch die dort angesiedelten Gerbereien ungenießbar geworden.

Aus dem heutigen Brunnenrohr sprudeln pro Sekunde 67 Liter Wasser an die Oberfläche, so viel, dass das 28 °C warme Wasser auch gleich noch das an der südlichen Platzseite gelegene städtische Schwimmbad mitversorgt. Dem vollendeten Kurerfolg steht also nach dem inwendigen Genuss des Wassers mit einem erquickenden Bad unter denkmalgeschütztem Gewölbe nichts mehr im Wege.

TIPP

Freunde der Street-Art können an den Fassaden der umliegenden Gassen echte Entdeckungen machen.

Die Piscine de la Butte-aux-Cailles ist eines der ältesten Schwimmbäder von Paris. Zur Zeit seiner Eröffnung war es nicht nur wegen der Wasserversorgung bemerkenswert. Erstmals in Paris mussten die Badegäste vor dem Sprung ins Becken zuerst unter die Dusche. Heute ist das überall Standard. Im Laufe der Zeit wurde das Bad mehrmals generalüberholt und um zwei Außenbecken erweitert. Sie sind mit warmem Wasser gefüllt, sodass man sogar im Winter in ihnen schwimmen kann. Wer seine Badesachen vergessen hat oder sich spontan entscheidet, ein paar Bahnen zu ziehen, muss nicht auf das nasse Vergnügen verzichten. Am Eingang steht ein Automat, dem sich für wenige Euro Badeanzug, Schwimmbrille und Badekappe entlocken lassen.

● Place Paul Verlaine, 75013 Paris
paris.fr/equipements/piscine-de-la-butte-aux-cailles-2927
● ÖPNV: Metro 6, Station Corvisart

Wein & Wörter

23 La belle Hortense

Wort für Wort und Schluck für Schluck genießen, das klingt an sich schon nach einem romanhaften Vergnügen. Es gibt einen Ort in Paris, an dem beides geht. Betritt man das verwinkelt-gemütliche Ladengeschäft, fällt der erste Blick auf einen kleinen Tresen. Also doch eine Bar? Erst dann nimmt man das hohe Buchregal an der gegenüberliegenden Seite wahr. Man darf in den Werken blättern, sie sind aber für den Verkauf gedacht. Im hinteren Raum gibt es ältere Schmöker zusammen mit gediegenen Weinen. Hat man dort einen Fauteuil ergattert, kann man sich fast schon häuslich einrichten.

Xavier Denamur, der Erfinder dieser „Bouquinisten-Bar" im Marais, hat ein Herz für Büchernarren. Es gibt durchaus andere Bars in Paris, die bis in den Morgen geöffnet haben, aber keinen anderen Buchladen mit so großzügigen Öffnungszeiten. Neben den Büchern hat der Hausherr auch eine Vorliebe für die ausgesuchte, gesunde und regionale Küche. In der Bar kann man kleine Gerichte bestellen, die vom Restaurant La chaise au plafond von der anderen Straßenseite serviert werden – der Patron ist schließlich derselbe. Seine Ausbildung als Geograf schlägt sich auch in der Weinkarte nieder, die quer durch die besten Weinregionen Frankreichs führt. Bei biografischer Lektüre empfiehlt sich vielleicht ein spritziger Chablis, den sich Präsident Macron auch häufiger von der Sommelière des Elysées-Palastes kredenzen lässt. Bei schwerer philosophischer Kost ist möglicherweise ein würziger roter Tropfen aus dem Medoc die richtige Weinbegleitung.

TIPP

Bis 22 Uhr gibt es eine Happy Hour für die Weine.

Auch der Name des bibliophilen Ladens mit hortensienblauer Schaufenster-Einfassung ist natürlich Literatur: „La belle Hortense" ist der Titel des ersten Bands einer Kriminaltrilogie von Jacques Roubaud um eine schöne Studentin, die im Marais-Viertel lebt.

Wenn einem an einem nebligen Winterabend nicht der Sinn nach Stöbern steht, hat man vielleicht das Glück, in eine Autorenlesung, eine Vernissage oder ein Konzert zu purzeln – Hortense weiß alle Sinne zu betören.

- La belle Hortense, 31, rue Vieille du Temple, 75004 Paris, cafeine.com
- ÖPNV: Metro 1 und 11, Station Hôtel de Ville

LA BELLE HORTENSE
CAVE
LIBRAIRIE
BAR LITTERAIRE
31

And action!

24 Pont Bir-Hakeim

Sie haben es meistens eilig, die Pariser. Deshalb ist die pariserischste Art, sich durch die Stadt zu bewegen, die Metro. Wer fahrend etwas von der Stadt sehen will und ungewöhnliche Perspektiven liebt, hat mit der Metro zwei Chancen: Die Linien 2 und 6, deren Halbringe den ungefähren Verlauf der früheren Stadtmauer von 1784 markieren, werden streckenweise zur Hochbahn. Es lohnt sich, mal nicht nur die Mitreisenden zu beobachten – die halbe Welt in einem Waggon –, sondern aus dieser Lage auf die Straße zu schauen. Den ultimativen Ausblick gibt es, wenn die gummibereifte Metro 6 über die Seine rumpelt. Von der oberen Etage der Bir-Hakeim-Brücke scheint der Eiffelturm fast zum Greifen nah. Autofahrer müssen sich mit dem weniger attraktiven Erdgeschoss begnügen, aber die sollen ja auch auf die Straße gucken.

Zu Fuß geht der Weg entlang der Geländer am Rand der Brücke. Stadteinwärts können Flaneure den unverbauten Blick gen Eiffelturm genießen. Auf der stadtabgewandten Seite führen Treppen zur kleinen „Insel der Schwäne“ hinunter, an deren Spitze ein Modell von Bartholdis Freiheitsstatue steht. Mit den Hochhäusern des Front-de-Seine-Viertels im Hintergrund ist die Illusion von Manhattan fast perfekt.

Beschirmt von der Trasse der Hochbahn spazieren Brautpaare und Cinephile besonders gern inmitten der Brücke auf dem Radweg. Mit den Jugendstil-Pylonen des um 1900 errichteten Doppel-Viadukts und den verschnörkelten Belle-Époque-Leuchten gibt dieser Arkadengang eine geheimnisvolle Kulisse ab. Sie war schon in vielen Filmen zu sehen. Zazie spielte unter der Brücke Verstecken, Leonardo-DiCaprio-Fans konnten ihr Idol im SciFi-Streifen „Inception“ ins Unendliche gespiegelt sehen und Bertoluccis skandalumwitterter „Letzter Tango in Paris“ nahm hier seinen Anfang. Sicher inspiriert die magische Szenerie auch die Tänzer, welche gern bei Sonnenuntergang auf der Brücke ihr Können für den nächsten Video-Clip inszenieren.

TIPP

Bei Nachmittagssonne zur nächsten Brücke spazieren und vom Trocadéro den Eiffelturm fotografieren.

- Pont de Bir Hakeim, 75015/75016 Paris
- ÖPNV: Metro 6, Station Bir-Hakeim oder Passy

Zum Dahinschmelzen

25 Der Eisladen von Berthillon

An einem sonnigen Nachmittag über die verträumte Île Saint-Louis mit ihren Barockhäusern zu flanieren, ist immer eine gute Idee: auf der Brücke zwischen den Inseln den Straßenmusikern lauschen, einen Blick in die Kunstgalerien auf der Rue Saint-Louis-en-Île werfen und an den Schaufenstern uriger Lädchen entlangschlendern. Neben etlichen Müßiggängern sieht man immer wieder Passanten, die sehr zielstrebig den Laden von „Berthillon" im Osten der Insel ansteuern. Ein Geheimtipp ist das „beste Eis der Hauptstadt" aber schon lange nicht mehr, schließlich ist die süße Erfrischung von der Insel ein Gedicht.

Statt 1954 die Bäckerei seines Schwiegervaters fortzuführen und Milch, Eier und Schokolade in einen Kuchenteig zu kneten, tüftelte Raymond Berthillon an einer perfekten Mischung der Zutaten für die Eismaschine. Neben seiner Familie wurden die Kinder der Nachbarschaft seine ersten Kritiker. Als Henri Gault und Christian Millau 1961 die Eismanufaktur entdeckten, erfuhr bald die halbe Welt von den über 70 Sorbet- und Milcheissorten. Seitdem treffen sich Eisfeinschmecker aus aller Welt in der Warteschlange, um gemeinsam der Leckerei im Hörnchen entgegenzufiebern. Für Familienfeiern und Firmenveranstaltungen gehen hier auch üppige Eistorten über die Theke, die auch im Teesalon gegenüber probiert werden können.

Mittlerweile hütet mit Enkeltochter Muriel Delpuech bereits die dritte Generation bei Berthillon die streng geheimen Familienrezepturen, den Schlüssel des Erfolgs. Deshalb kann es sich Berthillon wohl als einziger Eisfabrikant der Welt leisten, wie viele Pariser Gastronomen ausgerechnet im Ferienmonat August zu schließen. Glücklicherweise ist das kein allzu großes Drama. Über 100 Cafés und Restaurants in der Stadt beziehen ihr Eis bei Berthillon. Auf der Ludwigsinsel stehen vor einigen Lokalen Eiswagen auf der Straße, wo man auch im Hochsommer seine Kugel Walderdbeer-, Pampelmusen- oder Lavendeleis ordern kann.

TIPP

Wer Appetit auf mehr hat, kann sich nebenan im Eiscafé von Berthillon verwöhnen lassen.

● Berthillon, 29–31, rue Saint-Louis-en-l'Île, 75004 Paris
berthillon.fr
● ÖPNV: Metro 7, Station Pont Marie

Paradies auch für Herren

26

BHV Marais

Paradies – das klingt verführerisch. Die großen Pariser Warentempel haben natürlich die Verführung ihrer Kundschaft im Sinn. Offenbar war auch Émile Zola dafür empfänglich. In seinem „Paradies der Damen" setzte er dem weltweit ersten Warenhaus – dem 1852 am linken Seineufer durch Aristide Boucicaut gegründeten Bon Marché – ein literarisches Denkmal.

Die heute bekanntesten Pariser Kaufhäuser, die Galeries Lafayette und das Printemps, befinden sich auf der „kommerziellen" rechten Seine-Seite in der Nähe der Opéra Garnier. Wegen der atemberaubenden Kuppel erfreut sich besonders das Lafayette-Haupthaus großer Beliebtheit. Fashionistas und Modebewusste, die es weniger auf die Architektur abgesehen haben, finden direkt am Rathaus eine interessante, weniger touristische Alternative: den Bazar de l'Hôtel de Ville, kurz „B-Asch-W".

Nur vier Jahre nach dem Bon Marché ging Xavier Ruel hier mit seinem Bazar Napoléon an den Start. Die Finanzspritze für den Bau soll Kaiserin Eugenie höchstpersönlich aus Dankbarkeit gegeben haben. Als nämlich die Pferde der kaiserlichen Kutsche vor seinem früheren Kramladen in der Nähe des Louvre durchgingen, hatte er beherzt in das Geschirr gegriffen und die Kalesche zum Stehen bekommen. Als Kaiser Napoléon III. 1870 gezwungen wurde, seinen Thron zu räumen, ließ Ruel flugs neue Lettern montieren – seitdem firmierte sein Geschäft als Rathaus-Bazar. Dort kann man zum kleinen Schwarzen ganz entspannt noch den passenden Hut erstehen. Wer als Einkaufsberater weniger bella figura macht, vergnügt sich in der Zwischenzeit im Untergeschoss. Dort ist die heimliche Seele des BHV versteckt – es ist das einzige Pariser Kaufhaus mit einer Abteilung für Heimwerkerbedarf. Während im Erdgeschoss Schmuck und Taschen locken, findet sich im Souterrain der letzte Schrei der Akkuschrauber und Stichsägen. Anschließend trifft man sich in der fünften Etage, um im Restaurant gegenseitig die jeweiligen ultimativen Gelegenheiten zu bewundern.

TIPP
Im Sommer kann man in der Rooftop-Bar Terrazza Mikuna Cocktails und Snacks mit Aussicht genießen.

● BVH Marais, 52, rue de Rivoli, 75004 Paris
bhv.fr, mikunaparis.com
● ÖPNV: Metro 1 und 11, Station Hôtel de Ville

MARAIS
HOTEL DE VILLE
LE BHV MARAIS

Das „Rote Gold“ auf dem Dach

27 Opéra Bastille

„Die Hand in der Erde“ – davon träumen viele Pariser. Deshalb schießen Urban-Gardening-Projekte seit einigen Jahren wie Pilze aus dem Boden. Die Gärtner von „Topager“ leben ihren Traum rund 50 Meter über der Stadt. Auf dem Dach der Opéra Bastille gedeihen auf 2500 Quadratmetern Zucchini, Basilikum oder Erdbeeren und noch rund 100 andere Kulturen – je nach Saison. Davon profitieren jedoch nur die Mitarbeiter der Oper, die die wöchentliche Ausbeute des ungewöhnlichen Gartens als Gemüse-Abo kaufen können. Rund um die vier Terrassenbeete rankt Hopfen an den Wänden hoch. Daraus wird in einer winzigen Brauerei auf dem Dach auch gleich Bier produziert. Mittlerweile haben die Preisträger des städtischen Wettbewerbs Parisculteurs rund zwanzig weitere Farmen auf den Dächern von Firmen, Schulen und Wohnensembles umgesetzt.

Jedes Jahr im Oktober wird ein kleiner Teil der Anbaufläche auf dem Operndach von einem fliederfarbenen Blütenteppich überzogen – bildschön und ein kleines Vermögen wert. In der Erde schlummern dort rund 20.000 Safranknollen, die bei fallenden Temperaturen für wenige Tage anfangen zu blühen. Dann heißt es schnell sein beim Sammeln der empfindlichen Krokusblüten, deren getrocknete Staubfäden das teuerste Gewürz der Welt ergeben. Mit ihrer Leidenschaft für das „Rote Gold“ haben vier Schwestern, ebenfalls Preisträgerinnen bei Parisculteurs, „Bien Élevées“ gegründet und beliefern mit ihrer Ausbeute einige Restaurants der Stadt.

Von Zeit zu Zeit lassen sich die Gärtner der Bastille bei Führungen und Workshops über die Schulter schauen, man kann sich auch als Erntehelfer zur Safranzeit verdingen. Vom Künstlereingang an der Rue de Lyon geht es dabei durch den verwinkelten Bau von Carlos Ott – eines von Mitterrands Großprojekten – schließlich die Stiegen hinauf auf die Terrassen. Die verlockenden Kirschtomaten müssen dann zwar am Strauch bleiben, doch dafür entschädigt die spektakuläre Aussicht auf Augenhöhe mit dem Genius der Freiheit von der Juli-Säule.

TIPP

Auch hinter die Kulissen der Opéra Bastille kann man bei Hausführungen blicken.

● Opéra Bastille, 120 rue de Lyon, 75012 Paris
Führungen und Workshops über exploreparis.com, topager.com
● ÖPNV: Metro 2, 5, 8, Haltestelle Bastille

Schokoladenkunstwerke

28 Chocolaterie Joséphine Vannier

Chocolat chaud, gâteau au chocolat, wie klingt das? Seit 100 Jahren schwören viele Pariser dafür auf den Salon de Thé Angélina nahe des Louvre. Um die Lieben daheim auch an den süßen Sünden teilhaben zu lassen, ist heiße Schokolade jedoch denkbar ungeeignet. Süße Mitbringsel, die Eindruck machen, kann man in einem kleinen Laden im Marais finden. Hier bekommt „Kunsthandwerk" im doppelten Sinn eine Bedeutung – die Betonung liegt auf Kunst.

Das Schaufenster des Schokoladengeschäfts Joséphine Vannier unweit der Place des Vosges ist bereits eine Augenweide. Die meisterlichen Hände, die seit 1996 unerkannt hinter diesem Label stecken, haben ein besonderes Faible für schokoladige Skulpturen und Kunstreproduktionen. Alle möglichen Festtage werden mit saisonalen Sonderkreationen gewürdigt. Zudem ist man nach der Begutachtung der Auslagen auch immer auf dem neusten Stand, was die aktuell anstehenden Ausstellungen in Paris betrifft. So kann man kunstvoll bemalte Schokopharaos bewundern, erinnert sich bei der Moonwalk-Couverture an die Michael-Jackson-Ausstellung oder amüsiert sich über Kreationen im Stile von René Magritte, Gustav Klimt oder Pablo Picasso. Auch die einst „schönste Palette" von Paris, die man dem Maler Eugène Delacroix wegen seiner leuchtenden Farben nachsagte, gibt es als Nachbildung aus dem Delacroix-Museum in essbarer Form. Juristen oder Napoléon-Fans können auch den kaiserlichen Code civil vernaschen.

Die Krönung für jede Dame ist jedoch die süße Schuhkollektion, die täuschend echt verschiedene Farben, Formen und Lederqualitäten imitiert. Immerhin – preislich liegen die Schokoschuhe mit Pariser Chic noch unter ihren tragbaren Vorbildern. Als leckeres Souvenir eignen sich besonders die Nachbildungen der Pariser Wahrzeichen. Einen veredelten Eiffelturm oder Sacré-Cœur mit 70 Prozent Kakaoanteil kann schließlich nicht jeder vorzeigen. Ob dann aber die filigran bemalten Leckereien jemals gegessen werden?

TIPP

Ist es draußen zu heiß, gibt es bei Joséphine Vannier auch Eis auf die Hand aus eigener Produktion!

- Chocolaterie Joséphine Vannier, 4, rue du Pas de la Mule, 75003 Paris
  chocolats-vannier.com
- ÖPNV: Metro 8, Station Chemin Vert

Den Sternen ganz nah

29 Observatorium der Sorbonne

Unzählige Male haben Chansonniers den Himmel über Paris in ihren Liedern besungen. Die Leidenschaft teilen sie mit den Mitgliedern der astronomischen Gesellschaft, die vom Turm der Sorbonne-Universität an der Rue Saint-Jacques das Firmament beobachten. Vor rund 50 Jahren haben sie sich in den beiden Kuppeln im Rektoratsgebäude Atelier und Ausguck eingerichtet. Meist einmal pro Woche hat eine Handvoll Besucher die Chance, einen Blick in ihr Refugium zu werfen. Den Gastgeber, einen Astronomie-Amateur im besten Sinne, trifft man im Ehrenhof des ehrwürdigen Universitätsbaus vis-à-vis der Kapelle. Nach einer kleinen Einführung kann man beim Marsch durch die alten Flure auch mal in einen der Hörsäle linsen, bevor es mit einem winzigen Fahrstuhl nach oben geht. Zunächst gelangt man in die Kuppel des ehemaligen Meridianfernrohrs, heute Werkstatt, in der die Vereinsmitglieder ihre eigenen Teleskopspiegel zurechtschleifen und polieren. Nach einer Einführung in optische Gesetze und die Sternkonstellation wartet die 39 Meter hohe Hauptkuppel, die mit ihrem Kupferdach das weithin sichtbare Wahrzeichen der Sorbonne ist. Sie beherbergt den ganzen Stolz der Hobby-Astronomen, ein beachtliches Fernrohr von 1935. Mit 15 Zentimetern Durchmesser und 230 Zentimetern Brennweite lassen sich damit bei gutem Wetter Mond und Planeten beobachten.

TIPP

Der Blick hinter die Kulissen der Sorbonne ist an den Tagen des Kulturerbes im September möglich.

Dafür muss zunächst die Luke der Kuppel geöffnet werden – die Ketten der Kurbel rasseln, die Spannung steigt. Doch noch ist der Refraktor nicht in Stellung, mit einem großen Schwungrad wird die Luke auf einem Zahnkranz um 360° auf die gewünschte Position gefahren. Dann geht's endlich die Holzstiege hinauf auf das Podest, um durch das Objektiv Mond, Jupiter und Kassiopeia zu erspähen. Größeren Eindruck macht jedoch der Blick auf die Spitze des Eiffelturms – goldgelb beleuchtet, zum Greifen nah und natürlich auf dem Kopf! Krönender Abschluss ist eine Runde um die Kuppel mit einem unvergesslichen Ausblick auf die Lichterstadt.

- Observatoire de la Sorbonne, 17, rue de la Sorbonne, 75005 Paris
boutique.saf-astronomie.fr
- ÖPNV: Metro 10, Haltestelle Cluny La Sorbonne

Work-Life-Balance

30 Le Shack

Yogastunde am Morgen, Videocall an einem ruhigen Platz, Businesslunch mit Geschäftspartnern, in eine Ausstellung mit Freundinnen am Nachmittag, ein Apéro in einer Bar – das klingt nach einem vollen Tag und einem Zickzackkurs quer durch die Stadt. Doch weit gefehlt. Wer wochentags einmal die Räume des gemütlichen Le Shack betreten hat, findet hier alles bequem unter einem Dach.

Die Kunst ist, diesen Wohlfühlort für Freizeit und Job zu finden. Vis-à-vis der Kutschenrampe der Opéra Garnier gehen die meisten Passanten an dem Torbogen auf der Rue Auber achtlos vorbei. Der Durchgang führt in einen gepflasterten Hof, in dem sich hinter etlichen Kübelpflanzen der Eingang eines ehemaligen Verlagshauses verbirgt. „Calman-Levy“ steht noch in großen Lettern am Portal. Das Innenleben mit Doppeltreppe und Lichthof trägt die Handschrift Gustave Eiffels. Herzstück ist der frühere Verkaufsraum, in dem die alten Regale, Leitern und Schienen dem wohnlichen Salon die besondere Note verleihen. Oft werden hier und in den umliegenden Fluren auch Werke junger Künstler und Stars der Street-Art-Szene ausgestellt. Je nach Tageszeit kann man sich unter dem hohen Glasdach in den bequemen Sesseln bei einem Kaffee in eine Zeitung vertiefen, eine Bowl mit Forelle und Linsen genießen oder bei Gitarrenklängen an einem Cocktail nippen.

TIPP
Mittags und abends unbedingt reservieren!

Wer Himbeertörtchen und Madeleines nicht widerstehen konnte, findet im Untergeschoss, wo früher Baudelaires Gedichte und Romane von George Sand, Dumas und Balzac aus der Druckerpresse kamen, einen komfortablen Sport- und Wellnessbereich. In den oberen Verwaltungsetagen des früheren Verlages verbergen sich helle Seminarräume, ein Tonstudio und etliche Coworking-Plätze hinter den Holztüren, die die Vornamen hier verlegter Autoren tragen. Außerdem ist hier noch eine Speakeasy-Bar versteckt: „Les Dieux ont soif“, benannt nach dem blutrünstigen Revolutionsroman von Anatole France. Doch keine Sorge, die dürstenden Götter sind heute mit einem Mixgetränk zu besänftigen.

- Le Shack, 4, impasse Sandrié (Zugang über 3, rue Auber), 75009 Paris
leshack.fr
- ÖPNV: Metro 3, 7, 8, Haltestelle Opéra

JAGUAR

Fachwerkstadt Paris

31

Rue François Miron

Wer schon einmal den Disney-Film über den Glöckner von Notre-Dame gesehen hat, hat vielleicht gestaunt – Paris, eine Fachwerkstadt? Das mittelalterliche Paris wird wohl so ausgesehen haben. Nur wenige konnten sich Steinhäuser leisten, Fachwerkhäuser waren günstiger. Im südlichen Teil des Marais haben zwei dieser Häuser die Jahrhunderte überstanden. Hier bekommt man ein Gefühl für das Antlitz des alten Paris, bevor Baron Haussmann mit seinen großen Planungen die Welthauptstadt erfand. Ursprünglich wurden die Häuser wohl im 14. Jahrhundert errichtet. Zu dieser Zeit gab es noch keine Hausnummern, stattdessen unterschied man die Häuser nach einem Bild über dem Portal. Diese existieren nicht mehr, aber Plaketten an den Häusern berichten vom Haus des Schnitters zur linken und vom Haus des Schafes zur rechten Seite. Damals war Paris noch deutlich kleiner und zugleich schon die größte Stadt der Welt. Innerhalb der Stadtmauern lebten ca. 200.000 Menschen dicht gedrängt. Deshalb wurden die Häuser so schmal und hoch errichtet. Im Laufe der Jahre wurden beide Häuser mehrmals umgebaut. Zu Beginn des 16. Jahrhunderts verloren sie wohl aufgrund eines Edikts die vorspringenden Giebel, die vermutlich mit einem kleinen Lastenkran ausstaffiert waren. Gut 100 Jahre später verschwanden die Holzbohlen für Jahrhunderte unter einer dicken Putzschicht, weil man die Häuser damit für weniger brandanfällig hielt. Erst seit der Rekonstruktion um 1970 sind wieder Fassaden wie zu Quasimodos Zeiten zu sehen. Als älteste Häuser von Paris gelten sie wegen der vielen Umbauten jedoch längst nicht mehr. Nach dem Stand der Forschung führt das steinerne Haus des reichen Alchimisten Nicolas Flamel diesen Titel.

Im Marais kann man noch zu weiteren Überbleibseln des Fachwerks spazieren. In der Rue Volta Nr. 3 gibt es ein Haus aus dem 17. Jahrhundert, an der Ecke Rue du Grenier sur l'Eau/Rue des Barres ist das Fachwerk an der Seitenfassade eines gotischen Hauses erhalten geblieben.

TIPP

Nicht nur für Harry-Potter-Fans: Flamels Haus von 1407, heute Restaurant: 51, rue de Montmorency.

- 11–13, rue François Miron, 75004 Paris
- ÖPNV: Metro 1, Station St Paul oder Hôtel de Ville

PRESSE

Glücklich gerettet

32

Musée d'Orsay

Der wohl spannendste Museumsbau in Paris ist das Musée d'Orsay. Das Interieur trägt die Handschrift der Italienerin Gae Aulenti, Architektin, Designerin und Bühnenbildnerin, die für ihren Entwurf zum „Chevalier de la Légion d'Honneur" ernannt wurde.
Unter dem hellen und luftigen Gewölbe der früheren Bahnhofshalle befindet man sich inmitten von Skulpturen des 19. Jahrhunderts: Pompoms „Eisbär" lässt sich hier ebenso bewundern wie das Original von Carpeaux' „Der Tanz", der skandalumwitterten Portalplastik der Opéra Garnier. In den flankierenden Sälen entdeckt man Gemälde der Romantik oder des Impressionismus, unter anderem kommen hier Werke von Cézanne, Monet und Renoir zur Geltung.
Seit seiner Eröffnung 1986 hat sich das Museum einen Platz unter den Pariser Highlights erobert. Dabei war es lange Zeit sehr schlecht um den alten Bahnhof bestellt. Pünktlich zur Weltausstellung 1900 wurde er für die Bahngesellschaft Paris-Orléans eingeweiht. Wegen seiner zentralen Lage zwar sehr beliebt wurde er später zur Fortschrittsbremse. Bereits an der Gare d'Austerlitz musste die Lok getauscht werden, außerdem passten die länger werdenden Züge nicht mehr in den Bahnhof. Deshalb wurde der Zugverkehr nach dem Zweiten Weltkrieg endgültig eingestellt. 1958 erlebte das integrierte Hotel noch die Sternstunde de Gaulles, der sich im Ballsaal als erster Präsident der V. Republik in Positur brachte, bevor das Haus 1973 seine Pforten schloss. Während Planer schon einen Hotelneubau oder ein Schwimmbad erträumten, fristete der Bahnhof rund zehn Jahre als Parkhaus ein tristes Dasein. In letzter Sekunde – die Abrissgenehmigung war schon erteilt – entschied Präsident Giscard d'Estaing, den Rohdiamanten in einen Kunsttempel zu verwandeln.
Geliebt wird das Juwel an der Seine heute auch wegen seines gediegenen Restaurants im Stil der Belle-Époque und wegen des kultigen Cafés Campana, bei dem man durch die große Bahnhofsuhr den Ausblick auf Sacré-Cœur bewundern kann.

TIPP

Ein Muss bei schönem Wetter ist die Terrasse mit Blick über Louvre und Tuilerien bis zum Montmartre.

- Musée d'Orsay, 1, rue de la Légion d'Honneur, 75007 Paris
musee-orsay.fr
- ÖPNV: Metro 12, Station Solférino; RER C, Station Gare Musée d'Orsay

Kleider wie gemalt

33

Bleu tango

Künstlerviertel in Paris – da denkt wohl jeder zuerst an Montmartre, wo Renoir, van Gogh oder Picasso ihre Spuren hinterließen. 1911 bezog der Maler Raoul Dufy ein Atelier an der Place Pigalle (5, impasse Guelma). Seine Bilder mit den „wilden" Farben interessierten den Modeschöpfer Paul Poiret, der sich von Dufy Dekore und Kleider zeichnen ließ. Aber erst „Feé Électricité", das größte Bild Frankreichs, machte ihn 1937 berühmt. Heute findet man die künstlerische Avantgarde eher entlang des Canal de l'Ourcq im 19. oder rund um die „Frigos" im 13. Arrondissement. Ein kreatives Pflaster mit Ateliers und ausgefallenen Läden ist Montmartre jedoch bis heute.

Deshalb fühlt sich Lou Ripoll mit ihrem Schneideratelier „Bleu tango" hier auch pudelwohl. Wie Dufy hat sie einen Hang zu Aquarellen in fröhlichen Farben. Was sie aufs Papier getuscht hat, verarbeitet sie später zu Mustern, die auf Baumwolle und Seide gedruckt werden. Für jede Sommer- und Winterkollektion entwirft sie zehn Schnitte, die wiederum in etwa fünf verschiedenfarbigen Dessins aus den einzigartigen Stoffen erhältlich sind. Dafür arbeitet sie mit handverlesenen Manufakturen in Frankreich, Polen und Italien zusammen.

Mit einer Malerin als Mutter verwundert es nicht, dass die Designerin den Pinsel seit Kindertagen nicht mehr aus der Hand gelegt hat. Lou Ripoll eiferte aber noch lieber ihrer Großmutter im Schneiderhandwerk nach, lernte nähen und studierte Textildesign. Durch den Vater auch noch mit dem Sinn fürs Kaufmännische gesegnet, wagte sie sich mit 24 Jahren in die Selbstständigkeit und führt seit 2014 ihr Atelier.

Mit den Kreationen von „Bleu tango" möchte sie drei Frauen-Generationen ansprechen. Ihre modebewusste Großmutter gehört zu den Stammkundinnen und trägt die Stücke der Enkelin voller Stolz. Ist ein Minirock doch zu kurz, wird er auf die passende Länge umgearbeitet – ein Service, den auch jede andere Kundin genießt. Nach ein paar Wochen geht dann das neue Lieblingsteil liebevoll verpackt auf die Reise.

TIPP

In Dufys Atelier kann man sich heute bei „La Cage aux Fauves" wie 1850 ablichten lassen.

- Bleu tango, 47, rue d'Orsel, 75018 Paris, bleutango.fr
- ÖPNV: Metro 12, Station Abbesses; Metro 2, Station Anvers

Audienz beim Kaiser

34 Invalidendom

Vor 200 Jahren war es sicher nicht einfach, eine Audienz bei Kaiser Napoléon Bonaparte zu bekommen. Heute kostet es dagegen nur ein paar Euro an der Kasse des Musée de l'Armée im Hôtel des Invalides. Dort kann man dem einstigen Emporkömmling aus dem korsischen Ajaccio recht nahe kommen. Der Kaiser polarisiert bis heute: Als Feldherr hat er auf seinen Eroberungszügen Leid über viele in Europa gebracht. Aufgrund seiner weitreichenden innenpolitischen Reformen hat er aber auch Bewunderer.

Nachdem der Kaiser 1821 im Exil auf der Insel St. Helena starb, wurde 1840 beschlossen, seine Gebeine nach Paris zurückzuholen. Seitdem ruht Napoléon I. inmitten seines geliebten Pariser Volkes direkt unter der vergoldeten Kuppel des Invalidendoms. Der berühmte Kirchenbau ist eines der Hauptwerke, die Hofarchitekt Jules Hardouin-Mansart für seinen König Ludwig XIV. entworfen hatte. Die Krypta hatte der König für sich reserviert, um über seinen Tod hinaus noch aus der Mitte seines Landes zu strahlen. Da der Sonnenkönig schließlich wie seine Vorfahren in die königliche Grablege in der Kathedrale St. Denis überführt wurde, wartete der Dom auf einen ebenbürtigen Herrscher.

TIPP
Im Sommer gibt es im Innenhof des Museums historische Licht- und Tonschauen, Kaiser-Skulptur mittendrin.

Wer Napoléons monumentalen Quarzit-Sarkophag bewundern möchte, muss sich aus dem Kirchenraum hinunter schauend vor dem Kaiser verbeugen. In der Krypta ist dagegen nur ehrfürchtiges Aufschauen möglich. Vor den Blicken verborgen bleiben die weiteren ineinandergestellten Särge aus Eisen, Blei, Eichenholz und Mahagoni, die die Furcht der Pariser vor einer nochmaligen, plötzlichen Rückkehr des Kaisers belegen sollen.

Wessen Neugier nach dem Besuch des Doms noch nicht befriedigt ist, kann mit seinem Ticket durch die Flure des großen Museums streifen. Kurios ist Napoléons ausgestopfter Schimmel Vizir. Mit Hilfe der ausgestellten Generalsuniform hat man die Körpergröße des Kaisers auf ungefähr 1 Meter 70 geschätzt. Ganz so klein, wie behauptet, war er dann doch nicht.

- Hôtel national des Invalides/Musée de l'Armée, 7. Arrondissement, Place Vauban, 75007 Paris, musee-armee.fr
- ÖPNV: Metro 8, Station La Tour Maubourg; Metro13, Station Varennes oder Saint François-Xavier

Eine Insel der Düfte

35 Marché aux fleurs

Auch wenn es nicht sofort ersichtlich ist, ist Paris eine grüne Stadt. Begnadete Stadtgärtner pflegen die Gartenanlagen in Parks und auf Plätzen. Zudem gärtnert der Hauptstädter auch gern privat. Da nicht jeder einen Balkon hat, müssen Alternativen her. So haben sich Kooperativen gegründet, etwa entlang der stillgelegten Bahntrasse Petite ceinture („kleiner Gürtel"). Der perfekte Ort, um Pflanzen zu bestaunen und zu beschaffen, liegt inmitten der Île de la Cité. Seit 200 Jahren gibt es einen Spezialmarkt, der sich seit 1873 am heutigen Ort im Schatten von Conciergerie, Sainte-Chapelle und Hôtel Dieu befindet. Passend zum Angebot des Marktes findet man in unmittelbarer Nähe einen der denkmalgeschützten Metroeingänge der Stadt. Kunsthandwerker und Architekt Hector Guimard hatte die Eingänge um 1900 im floralen Jugendstil gestaltet und mit roten Laternen in Form von Klatschmohnblüten ausstaffiert. Die Marktstände stehen unter schützenden Dächern der schmiedeeisernen Hallen. Jeden Tag bieten rund 15 Händler ein buntes Bouquet aus Pflanzen, Gartenzubehör und Deko-Artikeln an. Auch wenn man eigentlich gar nichts kaufen will, macht es Spaß, zwischen den Ständen entlangzuschlendern und sich von Bougainvillea zu Jasmin durchzuschnuppern. Weil sonntags hier früher auch Hühner, Tauben und Kanarienvögel verkauft werden durften, werden die Polizisten der gegenüberliegenden Präfektur übrigens nicht Flics gerufen wie im übrigen Land, sondern Poulets – Hühnchen.

Am 1. Mai stehen an jeder Ecke kleine und große Leute, die Maiglöckchen verkaufen. An diesem Tag brauchen sie dafür keine Genehmigung und müssen keine Steuern zahlen, wenn die Blumen selbst gepflückt und nicht in einem Garten stibitzt wurden. Natürlich gibt es die Sträußchen dann auch hier auf dem Markt. Seit 1561 ist ganz Frankreich verrückt danach, seit König Karl IX. die weißen Glocken gebündelt an die Damen des Hofes verteilte. Da sich dabei jede in ihren Hoffnungen bestärkt sah, gelten die Blumen seitdem als Glückssymbol.

TIPP

Ab 2026 bekommen die Markthallen eine längere Verschönerungskur, die erste in 100 Jahren!

● Marché aux Fleurs reine Elizabeth II, Place Louis Lépine, 75004 Paris
● ÖPNV: Metro 4, Station Cité

Grüne Lunge für alle

36 Jardin du Luxembourg

Der Jardin du Luxembourg ist einfach Kult. Seit rund 400 Jahren ist er die grüne Lunge der Innenstadt und hat für Groß und Klein, Pariser und Touristen etwas zu bieten. Was gibt es Besseres, als es sich bei Sonnenschein mit einem Buch im Garten gemütlich zu machen? Allerdings muss man schnell sein, die Pariser organisieren sich immer gleich zwei der begehrten dezent grünen Parkstühle – die Seele baumeln lassen geht offenbar besser mit hochgelegten Füßen.

Der Vorzug gegenüber einer Parkbank liegt klar auf der Hand: Mit dem Stühlchen kann man umziehen, wenn gewünscht, etwa wenn ein Kammerorchester den Musikpavillon bespielt oder ein Chor die Parkbesucher zum Mitsingen animiert. Am Wochenende ist der beste Platz in der Nähe des zentralen Wasserbassins. Dorthin kommen viele Pariser Familien schon in der dritten Generation, weil die Kinder Boot fahren möchten. Für dieses besondere Vergnügen werden circa einen halben Meter lange Holzschiffe gemietet, welche die Kinder dann voller Eifer zu Wasser lassen. Ohne Motor und Batterie, nur mit Gerten manövrieren sie die Holzkähne kreuz und quer über das Wasser und huschen dabei pausenlos um das Bassin herum.

TIPP

Kunst und Angelinas berühmte Schokolade kann man im Luxembourg-Museum genießen.

Für Bewegungsfreudige ist der Garten ohnehin eine gute Adresse. Nicht nur am Wochenende trainieren etliche eifrig für den nächsten Marathon, während andere glücklich einen der begehrten Tennisplätze ergattert haben. Einige ältere Semester schieben im Schatten der alten Bäume dagegen eine ruhige Kugel über die sandige Pétanque-Parzelle. Immer in Bewegung sind in der wärmeren Zeit auch die Bienenvölker, die am Südende des Parks beheimatet sind, wo auch die Gartenbauer ihre Zuchtreihen haben. Den Honig aus dem „Luco" kann man später in den Delikatessgeschäften an der Madeleine-Kirche kaufen.

Einzig die Liebespaare bekommen von dem schönen Trubel nicht viel mit. Einander anschmachtend defilieren sie um die „Grotte" herum - die Fontaine de Médicis ist eine der der schönsten Brunnenanlagen von Paris.

- Jardin du Luxembourg, rue de Médicis/rue de Vaugirard, 75006 Paris
  jardin.senat.fr, museeduluxembourg.fr
- ÖPNV: Metro 4 und 10, Station Odéon

Käse & Kaffee in der Krypta

37

Sainte Madeleine

Mit Institutionen wie dem Fauchon – heute Hotel, Café und Boutique – gehört die Place de la Madeleine zu den ersten Adressen für Gourmets, die hier Trüffel, Kaviar oder den Honig vom Dach der Pariser Oper finden.

Das Zentrum des Gevierts nimmt eine der ungewöhnlichsten Kirchen der Hauptstadt ein. Mit ihren 52 korinthischen Säulen erinnert sie eher an einen antiken Tempel als ein christliches Gotteshaus. Den Grundstein zu dem monumentalen Bau legte König Ludwig XV. im Jahr 1763. Doch die Planungen gerieten mehrmals ins Stocken und kamen während der Revolution sogar ganz zum Erliegen. Anfang des 19. Jahrhunderts fand Kaiser Napoléon III. Gefallen an diesem Bauplatz nahe der königlichen Achse, um die bereits existierenden Fundamente in eine Ruhmeshalle seiner Armee aufgehen zu lassen. Mit dem Ruhm und mit dem Kaiser war es jedoch schneller vorbei, als die Säulen in den Himmel wuchsen. Erst 1842 wurde der neoklassizistische Bau tatsächlich fertig und schließlich doch als Kirche geweiht. Der Clou ist unter dem Kirchenraum verborgen. Ausgerechnet an einem Platz, wo für Lebensmittel höchste Preise aufgerufen werden, bekommt man wochentags in der Krypta ein sehr günstiges Mittagsmenü. Professionelle Köche und Ehrenamtliche kümmern sich bereits seit 20 Jahren darum, ihr Stammpublikum aus Rentnern und Büroangestellten nebst einigen Touristen satt zu bekommen. An den langen Tischreihen bunt gemischt kommen die Anwesenden bei Salat, Fisch und Käse fast immer ins Gespräch. Die Idee zu diesem Mittagstisch ist jedoch schon fast so alt wie die Kirche selbst. Um 1850 initiierte die Kaiserin Eugénie eine Mahlzeit für die vielen Mädchen, die in den Geschäften und Ateliers in der Nachbarschaft angestellt waren. Wer nach dem Menü nicht zur Pflicht gerufen wird, kann sich im Separee noch mit einem Petit noir versorgen. Frisch gebrüht bei einem kleinen Schwatz serviert ihn Madame Lili, die an ihrer Kaffeebar schon zum lebenden Inventar des Foyer de la Madeleine gehört.

TIPP

Vis-à-vis geht's hinab zum schönsten öffentlichen WC mit Jugendstil-Dekor von 1905.

● Place de la Madeleine, 75008 Paris
foyerdelamadeleine.fr
● ÖPNV: Metro 8, 12 und 14, Station Madeleine

GIRLS ROSES

Der Bauch von Paris

38 Marché d'Aligre

In seinen Romanen hat Émile Zola dem Leben im Zweiten Kaiserreich ein Denkmal gesetzt. Im „Bauch von Paris" porträtierte er die Leute im Hallenviertel. Bis ungefähr 1970 standen bei der Kirche Sainte-Eustache die Großmarkthallen von Baltard, in denen in aller Herrgottsfrühe mit Hähnchen und Hasen, Kohl und Kirschen gehandelt wurde und wo sich unter den Glasdächern der Geruch von reifem Käse oder frischem Fisch ausbreitete. Mittlerweile ist der Großmarkt – seiner Patina beraubt – vergrößert und professionalisiert in die Nähe des Flughafen Orly südlich der Hauptstadt verlegt worden. Wer die Markthändler wie im „Bauch von Paris" sich überbieten hören will, erlebt das am besten auf der Place d'Aligre. Bereits im 18. Jahrhundert hatte der Markt die Familien der Möbeltischler versorgt, die bis heute im Faubourg St. Antoine in der Nähe der Bastille ihre Werkstätten haben. Jeden Vormittag außer montags finden auf dem hufeisenförmigen Platz Trauben und Tomaten ihre Käufer. Kurz vor Marktende versuchen die Händler die letzten Reste an die Leute zu bringen, was auch für Zaungäste sehr spannend ist. Dazu kommen noch die Brocante-Stände mit allerlei „Kinkerlitzchen", Küchenkram, Secondhandgarderobe und alten Büchern. Gegen 13 Uhr verlagert sich das Leben auf die Terrassen der umliegenden Bistrots und Bars. Wer auf dem Markt schon satt geworden ist, kann auf dem Square Trousseau um die Ecke auch die Zeit genießen. Mit etwas Glück wird dort sonntags der Musikpavillon bespielt – und durch den Garten ziehen dann Jazz- oder Swingmelodien.

TIPP
Klein und fein und der älteste ist der Marché des Rouges an der Rue de Bretagne im Marais.

Zumindest die Händler der Markthalle, Marché Beauvau, öffnen nach der Siesta ihre Stände wieder. Nicht nur die Stammkunden lieben es, die neuste Pastete probieren zu dürfen, ein paar Oliven zu verkosten oder sich durch verschiedene Käsesorten zu naschen. Wer seinen Appetit nicht zügeln möchte, findet hier alles, um später ganz gemächlich auf der Promenade plantée oder am Arsenal-Becken zu picknicken.

● Marché Beauvau, Place d'Aligre, 75012 Paris
● ÖPNV: Metro 8, Station Ledru-Rollin

NGV 75

Käpt'n ahoi

39

Canal de l'Ourcq

Mit dem Schiff durch Paris zu schippern gehört zum gelungenen Ausflugsprogramm. Mal Lust, selbst ein Boot zu führen? Das ist auch für ausgesprochene Landratten ohne Bootsschein möglich. Der Canal de l'Ourcq beginnt im Pariser Nordosten an der großen Rotunde, einem Relikt der kurz vor der Großen Revolution nach Plänen von Claude Nicolas Ledoux errichteten Zollmauer der Generalpächter. Weil der Kanal auf Pariser Stadtgebiet für Motorboote freigegeben ist, tuckern Pflastermüde seit einigen Jahren mit kleinen Mietbooten durch das In-Viertel La Villette. Seit Frühjahr 2025 ist eine neue Elektro-Flotte unterwegs, mit der Wasserfreunde nun geräuschlos und ökologisch bis vor die Tore der Stadt schippern können.

Wo bis in die Siebzigerjahre der große Schlachthof von La Villette in Betrieb war, ist heute Kultur eingezogen. In den früheren Speichergebäuden wohnen mittlerweile Studenten. Viele Künstler haben sich im Viertel Ateliers eingerichtet. Rund um das Gelände der Cité des Sciences et de l'Industrie, den Komplex des Naturwissenschaftlichen Museums, und der angrenzenden Cité de la Musique ist immer etwas los. In den Gartenanlagen mit Labyrinthen und Hügeln toben sich Kinder aus, auf dem Platz vor der großen Halle erklingen manchmal Jazz und Swing. Viele Familien zieht es auch in die majestätische Géode. In dieser Silberkugel mit einer 180°-Leinwand kann man in 3-D in den Dschungel eintauchen oder die Erde aus dem Weltraum betrachten.

TIPP

Ein kostenloses Highlight im Sommer: zur Abkühlung in eines der Schwimmbecken am Kanal springen.

Bei schönem Wetter summt es am Kanal vor Geschäftigkeit. Vom Wasser aus kann man das bunte Treiben auf Höhe der Rue de Crimée kurz zum Innehalten bringen. Denn wenn Schiffe die letzte Hubbrücke der Stadt passieren wollen, wird das technische Denkmal in Bewegung gesetzt – ein beliebtes Schauspiel. Um noch nicht ankern zu müssen, wenn zwischenzeitlich der Magen knurrt, kann man sein Boot auch mit Picknickkorb buchen, natürlich auch mit Apéro. Dann kann der Abend – wieder an Land – beschwingt fortgesetzt werden.

● Bassin de la Villette, 37 quai de la Seine, 75019 Paris
akwa-experience.com
● ÖPNV: Metro 7, Station Riquet

Die lächelnde Mitte

40 Die Grande Pagode de Vincennes

Wer Ruhe und Frieden sucht, findet rund um die Grande Pagode im Bois de Vincennes beste Voraussetzungen. Idyllisch am Daumesnil-See gelegen, bietet die Grande Pagode an buddhistischen Feiertagen Zugang zum Ort der Verehrung Buddhas. Bei großen Festen im Mai und September lassen sich buddhistische Riten mitten in Paris erfahren. Im Tempel hat die Union der Buddhisten in Frankreich ihren Sitz. Im Land gibt es über eine halbe Million Menschen, die den Weg der Mitte beschreiten. Seit 1975 wird der eigenwillige lehmverputzte Kegel als Tempel genutzt. Er ist neben dem Palais de la Porte Dorée das einzige Überbleibsel der Internationalen Kolonialausstellung von 1931. Die Architekten Boileau und Carrière hatten sich von afrikanischen Bauweisen inspirieren lassen und den 28 Meter hohen Doppelpavillon für Kamerun und Togo errichtet. Erhalten blieb der im Innern hölzerne Ausstellungssalon nur, weil hier die Holzindustrie bis 1975 ein eigenes Museum unterhielt.

TIPP

Für Öffnungszeiten zwischen April und Oktober: Internetseite der Union bouddhiste de France.

Wer heute das Glück hat, das Portal mit dem Dharma-Rad geöffnet zu finden, wird im Inneren freundlich empfangen – manchmal von einem Mönch in orangegelbem Gewand, manchmal allein von dem riesigen meditierenden Buddha. Die Statue ist über 9 Meter hoch und die größte Buddha-Nachbildung in Europa. Den geheimnisvollen Gesichtsausdruck hat die mit Blattgold überzogene Figur dem Bildhauer François Mozèt zu verdanken. Im androgynen Antlitz des Erleuchteten soll er auch Züge seiner Ehefrau versteckt haben.

Wer die freundliche Statue umrundet, kann der Weisheit der buddhistischen Philosophie buchstäblich noch ein Stück näher kommen. In einem goldglänzenden Schrein hinter ihrem Rücken werden Buddha-Reliquien aufbewahrt, die aus einem Tempel in Bangkok stammen.Wenn die Pagode geschlossen ist, kann man im Nachbar-Quartier trotzdem seine Mitte finden. Ausgerechnet in einem öffentlichen Parkhaus ist ein liebevoll dekorierter Altar aufgestellt, auf dem ein Miniaturbuddha verehrt wird (37, rue du Disque).

● Grande Pagode de Vincennes, 40 bis, route de la Ceinture du lac Daumesnil, 75012 Paris, bouddhisme-france.org/activites/activites-a-la-pagode
● ÖPNV: Metro 8, Station Liberté

Fitness im Wahrzeichen

41

Zu Fuß auf den Eiffelturm

Mehrere Wunder waren nötig, den Eiffelturm zum Wahrzeichen von Paris zu machen. Seine Standfestigkeit wurde nie angezweifelt, sein Erbauer, Gustave Eiffel, war ein echtes Rechengenie. Anfangs hatte es aber massive Proteste gegeben, weil sich mancher wegen des Eisenskeletts in seinem ästhetischen Empfinden getroffen sah. Der Turm war als Portal der Weltausstellung von 1889 vorgesehen und die Stadtverwaltung hatte geplant, die eiserne Dame (der Turm ist auf Französisch „la tour") anschließend wieder abzubauen. Nicht einmal Eiffel selbst hatte an den Erfolg geglaubt, als ihm zwei seiner Mitarbeiter, Maurice Koechlin und Émile Nouguier, die Idee für einen über 300 Meter hohen Turm präsentierten. Doch nach einem optimierten Design durch den Architekten Stephen Sauvestre machte der bis dahin als Brückenbauingenieur erfolgreiche Eiffel den Bau zur Chefsache. Der Sieger des Wettbewerbs für die Expo handelte mit der Stadt eine Konzession für 20 Jahre aus, strich einen Zuschuss von 1,5 Millionen Francs ein und organisierte noch weitere 6,5 Millionen, um loslegen zu können. Nach fünf Monaten Vorarbeit mit dem Zeichenwerkzeug rückten im Sommer 1887 die Arbeiter an. Pünktlich zur Einweihung schlugen sie im März 1889 die letzten der 2,5 Millionen Nieten ein. An dem Tag waren die Honoratioren der Stadt eingeladen, das Meisterwerk zu besteigen. Doch die wenigsten schafften die rund 1700 Stufen bis zu Eiffels Dienstwohnung. Erst 1898 wurden die ersten Fahrstühle eingebaut. Eiffel hat dieser Sport dagegen fit gehalten: Er wurde 89 Jahre alt.

Wer heute die Warteschlangen scheut, geht zum Süd-Pylon, wo es auf wundersame Weise leerer ist. Dort befindet sich der Aufzug, der die Gäste des 3-Sterne-Restaurants Jules Verne auf 115 Meter Höhe liftet. Daneben ist auch der Zugang zu den 674 Stufen bis zur zweiten Plattform. Lohn für die Mühe sind spektakuläre Fotomotive und ein herrlicher Ausblick. Wer das Ticket zuvor mitgelöst hat, kann im Fahrstuhl zur Spitze ausschnaufen.

TIPP

Menü und Aussicht sind bereits auf der ersten Etage im „Madame Brasserie" traumhaft.

- Eiffelturm, Champ de Mars, 75007 Paris, toureiffel.paris
- ÖPNV: Metro 6, Station Bir-Hakeim; Metro 9, Station Trocadéro

Die Geschichte des Dufts

42

Parfümerie Marie Antoinette

Wenn man an der etwas versteckt liegenden Place du Marché-Sainte-Cathérine nicht vorbeiläuft, wird man den kleinen Laden an seinem südlichen Rand sicher bemerken, so einladend rot ist die Schaufenstereinfassung. Ist man über die Türschwelle getreten, ist man umgeben von einem Bouquet extravaganter Düfte, die „Traum einer Königin" oder „Verlorenes Paradies" heißen. Dahinter verbergen sich auch außergewöhnliche Duftkünstler wie Elisabeth de Feydeau, die als Historikerin Expertin für die Geschichte des Parfüms ist, oder auch das Haus Frapin, das seine Expertise für Reben und Holzfässer vom Cognac auf würzige Düfte ausgedehnt hat.

Die gute Seele des Ladens ist Antonio de Figueiredos, der den perfekten Gastgeber für einen romantischen Nachmittag zu zweit abgibt. Die Zutaten? Ein gemütliches Kanapee, Champagner, eine Etagere mit Macarons, glänzende Flakons und natürlich Antonio selbst, der bei seinem „Rendez-vous olfactif", seinem Duft-Rendezvous, voller Leidenschaft erzählt, wie der betörende Inhalt in die Fläschchen gelangt. Besonders angetan haben es ihm Jean-Louis Fargeon, der berühmte Parfümeur Marie Antoinettes, und Fargeon der Ältere, der unter dem Label „Oriza" ab 1720 nicht nur die französische Krone belieferte. Im Sortiment dieses traditionellen Hauses, vor einigen Jahren wiederbelebt, ist auch ein Maiglöckchenparfüm. Antonio hat es das ganze Jahr über im Sortiment, sodass man das kleine Glück im Flakon nicht nur zum 1. Mai verschenken kann. Wer ein weniger kostspieliges Mitbringsel sucht, wird sicher bei den gut riechenden, in bunte Papiere eingeschlagenen Seifen oder den dekorativen Duftkerzen fündig.

Seine ausgesprochene Liebe für die Düfte verdankt der charmante Hausherr seiner portugiesischen Großmutter Maria, die selbst Parfüms kreierte. Auch wenn Königin Marie Antoinette bekannt war für ihren Hang zu Rosenwässerchen – die tatsächlichen Namenspaten der kleinen Parfümerie sind die Großmutter und ihr Enkel.

TIPP

Nahe der Oper verkauft Oriza seine Düfte in historischer Ladeneinrichtung (18, rue Saint-Augustin).

- Parfümerie Marie Antoinette, 5, rue d'Ormesson, 75004 Paris
marieantoinetteparis.fr
- ÖPNV: Metro 1, Station St Paul

LE GALION
N°VI
N°6
O Principe

Karneval & Cancan

43

Moulin Rouge & Nouvelle Eve

Schon mal vom Carnaval de Paris gehört? Bereits im Mittelalter gefeiert kommt seit gut 20 Jahren regelmäßig „dr Zoch" in Paris. Am Sonntag vor Mardi Gras, dem „fetten Dienstag" vor der Fastenzeit, startet die Calvacade du Boeuf Gras an der Place Gambetta und tanzt und lärmt bis zur Place de la République. Die besagte „fette Kuh", Pimprenelle, führt als Maskottchen den lustigen Tross an.
Funkenmariechen darf man jedoch nicht erwarten. Den Mädchen, die ihre Beine bis über den Kopf schmeißen können, gehören die Bühnen der Varietés. Jacques Offenbach sei Dank haben die Cabarets mit dem Cancan eine Hauptattraktion, bei der auch ältere Semester nur noch mühsam stillhalten können. Der gebürtige Kölner hatte um 1830 dem Volk in den Tanzlokalen am Stadtrand eifrig auf die Füße und unter die Röcke geschaut und die schmissig-frivolen Tänze in seinen Opéras Bouffes zu seinem Markenzeichen gemacht.
Für den Cancan besonders gerühmt wird das Moulin Rouge, das zur Weltausstellung 1889 gegründet wurde. Damals gehörte Henri de Toulouse-Lautrec zu den Bewunderern der Tänzerinnen, die er mit seinen Plakaten weltberühmt machte. Seit den Fünfzigerjahren dreht sich nachts bereits die dritte Version der roten Mühle.
Damals wirkte dort die Deutsche Doris Haug, die nach ihrer Karriere als Tänzerin zur Choreographin aufstieg und jahrzehntelang die langen Beine ihrer „Doriss Girls" tanzen ließ. Ihr erstes größeres Engagement hatte sie eine Straße weiter, im Cabaret Nouvelle Eve. Das Theater aus der Belle Époque wurde 1949 als Varieté wiedereröffnet und braucht sich vor dem berühmten Nachbarn nicht zu verstecken. Die Tänzer und Artisten wissen mit viel Herzblut und Humor sowohl Franzosen als auch internationale Gäste zu unterhalten. Besonders witzig ist hier der Cancan, bei dem die Tänzerinnen allabendlich mit „Quietsch und Kreisch" förmlich über die Bühne toben und sich von den jungen Herren necken lassen. Aber Vorsicht – wer als Gast zu vorwitzig guckt, steht dann selbst im Rampenlicht!

TIPP

Chillen im Schatten der Mühlenflügel: in der Bar der „Machine du Moulin Rouge".

● Moulin Rouge, 82, boulevard de Clichy, 75018 Paris, moulinrouge.fr
Nouvelle Eve, 25, rue de la Fontaine, 75009 Paris, lanouvelleeveparis.com
● ÖPNV: Metro 2, Station Blanche

FRENCH CANCA

Auf Kufen durchs Denkmal

44

Grand Palais

Was ist schöner, als im Winter über Eisflächen zu flitzen? Die Pariser sind als passionierte Eisläufer bekannt. Deshalb werden in der Vorweihnachtszeit an einigen markanten Plätzen der Stadt Eisbahnen installiert, die zum Teil sogar kostenlos sind. Die zweifellos spektakulärste Eisbahn ist nach der Sanierung zurück im Grand Palais. Wiedereröffnet zu den Olympischen Spielen, wo vor einer fulminanten Kulisse die Medaillen im Fechten und Taekwondo vergeben wurden, wird nun in der Vorweihnachtszeit dort wieder die mit 2700 Quadratmetern weltweit größte überdachte Fläche zum Schlittschuhlaufen angelegt. Tagsüber sieht man vor allem Familien unter der phänomenalen Kuppel der Belle-Époque-Halle übers Eis schlittern. Die Stunde für Könner und Partypeople schlägt am Abend, wenn sich die Bahn zum Dancefloor mausert. Unter den magischen Strahlern der Lasershow kann man dann im Eispalast bis in den Morgen hinein tanzen. Der frühere Pavillon der Weltausstellung von 1900 beeindruckt schon von Weitem durch seine neobarocke Fassade und das zu seiner Erbauungszeit größte Glas-Stahl-Dach der Welt. Nach der Expo wurde der Bau vor allem für Kunstsalons genutzt. Seit dem Zweiten Weltkrieg strömte überwiegend Fachpublikum zu diversen Industriemessen unter die Kuppel des Grand Palais. Lagerfeld und Gaultier liebten die Kulisse für ihre Couture Defilees, bei denen Fashionistas dem neuesten Schrei auf dem Laufsteg entgegenfieberten. Seit rund 50 Jahren ziehen jedoch auch immer wieder große Retrospektiven Pariser wie Touristen gleichermaßen an, um Werke von Picasso oder George de La Tour aus nächster Nähe zu sehen. Solange das Centre Pompidou saniert wird, nutzt das Nationalmuseum der Modernen Kunst das Grand Palais nun verstärkt für seine Sonderausstellungen. Deshalb müssen große und kleine Entdecker und Forscher noch auf eine baldige Wiedereröffnung des Palais de la Découverte im westlichen Pavillon hoffen, der seit der Weltausstellung 1937 den Naturwissenschaften vorbehalten war.

TIPP

Die Eishalle in der Accorhotel-Arena hat fast das ganze Jahr über Saison.

● Grand Palais, Galeries Nationales, 3, avenue du Général Eisenhower, 75008 Paris
Eingang Eisbahn: Avenue Winston Churchill
● ÖPNV: Metro 1 und 9, Station Franklin-Roosevelt; Metro 13, Station Champs-Élysées-Clémenceau

Legenden in einer Legende

45

L'Olympia

Trotz der großen Lettern sieht man es der Halle von außen nicht unbedingt an – das Olympia ist die Königin der französischen Musiksäle. Bereits 1888 hob der Katalane Josep Oller i Roca nahe der Madeleine-Kirche einen ersten Konzertsaal aus der Taufe, der allerdings bald darauf abbrannte. Zwischenzeitlich durch das Moulin Rouge zu Geld gekommen, wagte er 1893 am selben Ort einen Neuanfang. Für die Eröffnung verpflichtete er die Hauptattraktion des Moulin Rouge, die Cancan-Tänzerin „la Goulue", die „Gefräßige". Nach den Goldenen Zwanzigern war der Lack jedoch erst mal ab, über die nächsten Jahre rettete sich das Haus nur mit Stars auf der Leinwand.

Der neue Generaldirektor Bruno Coquatrix schuf ab 1954 mit dem wiederentstandenen Konzerthaus einen Mythos. Jeder Musiker, der es auf diese Bühne schaffte, erhielt in der französischen Musikszene den Ritterschlag. Chansonniers wie Gilbert Bécaud, Charles Trenet oder Charles Aznavour adelten ihrerseits diesen Ort, der auch große internationale Künstler anzog. Hier kreischten Fans beim Auftritt der Beatles, erlebten die Uraufführung von Jacques Brels „Amsterdam", bewunderten den Startenor Pavarotti, rockten beim Sting-Konzert und sangen zusammen mit einem gewissen Frédérik Mey „Über den Wolken" auf Französisch.

TIPP

In einem Kiosk an der Madeleine-Kirche werden die Restkarten aller Pariser Bühnen günstig verkauft.

Den meisten Glanz für diese Halle haben jedoch vier große Buchstaben gebracht, die zu einer kleinen Frau gehörten: Piaf, die einstige Straßensängerin aus Belleville. Unzählige Male trat der „Spatz von Paris" hier vor das Publikum, um mit ihrer so markanten Stimme über die Liebe und die anderen Katastrophen ihres Lebens zu singen.

In den Neunzigerjahren war es noch einmal schlecht um das Haus bestellt, fast wäre es Baumaßnahmen zum Opfer gefallen. Praktisch in letzter Minute wurde es unter Denkmalschutz gestellt und konnte mit der phänomenalen Bühnenpräsenz von Gilbert Bécaud, „Monsieur 100.000 Volt", in seine dritte Karriere als Musiktempel starten.

- L'Olympia, 28, boulevard des Capucines, 75009 Paris
olympiahall.com
- ÖPNV: Metro 3 und 7, Station Opéra; Metro 8, 12 und 14, Station Madeleine

FRANCE
FETE LA MUSIQUE
LE 21 JUIN A PARTIR DE 19H30
AVEC LE CRÉDIT MUTUEL & L'OLYMPIA
WWW.OLYMPIAHALL.COM
FILORGA

Musen zum Mittag

46 Café des Musée Rodin

Wer bereits morgens auf dem Eiffelturm war und später nach einer erschwinglichen Mittagsrast sucht, wird bei Meister Rodin im Hôtel Biron charmant empfangen. Von Rosen umduftet und von Bienen umsummt, gelangt man in den hinteren, schattigen Teil des Gartens. Hier kann man es sich auf den Stühlen des Cafés mit einem Mittagssnack gemütlich machen, einen Blick auf die Skulpturen und in die Zeitung riskieren und bei einer Näscherei noch ein wenig die Zeit vertrödeln. Ob Rodins legendärer „Denker“ auch im Wechsel über die Weltlage und die Wahl eines kleinen Nachtischs grübelt?
Nach dem Essen ruft der Garten. Neben dem „Denker“ kann man hier den „Drei Schatten“ oder den „Bürgern von Calais“ einen Besuch abstatten. An Rodins Hauptwerk, dem „Höllentor“, kommt niemand so schnell vorbei. Es sollte ein Museumsportal werden und der Meister arbeitete sein halbes Leben daran, ohne es jemals zu vollenden. Im Türsturz der „Denker“ en miniature – ein sinnierender Dante, der auf die Gestalten aus seiner „Göttlichen Komödie“ blickt. Da sich das Museumsprojekt zerschlug, arbeitete Rodin etliche der rund 200 Figuren noch einmal einzeln aus und begründete damit endgültig seinen Erfolg.
Inspiriert von den emotions- und energiegeladenen Körpern im Garten setzen viele ihren Spaziergang im Palais fort, wo sie Paolo, Francesca und Ugolino – Protagonisten des „Höllentors“ – noch einmal in Groß begegnen. Außerdem faszinieren die ausdrucksstarken Körper, die Camille Claudel aus dem Marmor gehauen hat. Die begabteste und zugleich tragischste Schülerin Rodins – auch Mätresse, Modell und Assistentin – hätte das Zeug gehabt, ihren Meister noch zu überflügeln.
Im heutigen Museum hatten um 1900 einige Künstler gelebt, darunter auch Rainer Maria Rilke. Eine Zeit lang Rodins Sekretär, hatte er den Bildhauer auf den Geschmack gebracht. Rodin richtete sich im Erdgeschoss des 1731 vollendeten Rokokoschlösschens ein Atelier ein. Noch zu Lebzeiten vermachte er dem französischen Staat seine Skulpturensammlung.

TIPP

In der Station Varenne weisen ein Denker und eine Balzac-Skulptur den Weg zu Rodins Museum.

- Musée Rodin, 77, rue de Varenne, 75007 Paris
  musee-rodin.fr
- ÖPNV: Metro 13, Station Varenne oder Invalides; Metro 8; RER C

LE PENSEVR

Perle in Nouvelles Athènes

47

Place Saint-Georges

Welch ein Glück, abends auf der Terrasse der Brasserie À la Place Saint-Georges einen Tisch zu ergattern! Dort treffen sich zwei Welten: Ältere Semester kommen wohl aus dem Theater, um hier den heiteren Abend noch bei einem guten Roten ausklingen zu lassen. Für die BoBos, die Bourgeois bohémiens, wie man die Pariser Hipster nennt, gehört der Platz zum angesagten Viertel SoPi, Hipsterfranzösisch für South Pigalle. Sie wollen in entspannter Atmosphäre noch einen Happen essen, bevor sie in einen der hiesigen Clubs weiterziehen. Diese haben viele Etablissements des Rotlichtviertels verdrängt. Ihren Erfolg bei den Partypeople verdanken sie auch der historisch etwas anrüchigen Aura.

Durchaus delikat ist auch die Bebauung des Platzes. Im Zentrum steht eine alte Pferdetränke mit einem Denkmal von Paul Gavarni. Um 1850 war er als Pressezeichner und Karikaturist bekannt, besonders durch Darstellungen der Loretten, der Damen aus der Halbwelt des Quartiers rund um die Kirche Notre-Dame-de-Lorette. Neben dem Theater steht das Stadtschloss der Dosne-Thiers-Stiftung. Der rekonstruierte Bau im klassizistischen Stil wurde ursprünglich 1832 für Alexis Dosne, den Direktor der Bank de France, erbaut. Der spätere Präsident der III. Republik, Adolphe Thiers, ging hier als Liebhaber der Bankiersgattin ein und aus. Später heiratete er die älteste Tochter und ließ sich an der Place Saint-Georges nieder.

TIPP

Für ein Foto lohnt der Weg zur Rue Lafitte – ein toller Blick auf Sacré-Cœur und Notre-Dame-de-Lorette.

Die Marquise de Païva zog 1851 in das reich dekorierte Anwesen im Neorenaissancestil gegenüber. Einst hatte die berühmteste der Loretten Künstlern des Viertels den Kopf verdreht. Bald darauf, von ihrem Marquis bereits wieder getrennt, siedelte sie zunächst als Mätresse, schließlich als neue Gräfin Henckel von Donnersmarck in ein noch dekadenteres Stadthaus an den Champs-Élysées um. Wer nach einem Cocktail im Mondlicht und den schummrigen Geschichten nicht mehr unternehmungslustig ist, findet schnell die Metrostation, die raffiniert in den Gartenzaun des Palais Thiers eingepasst ist.

- Place Saint-Georges, 75009 Paris
- ÖPNV: Metro 12, Station Saint-Georges

Versteckte Oase

48 Café im Petit Palais

Pflastermüde? Dann ist es Zeit für eine kleine Auszeit an einem echten Rückzugsort. Obwohl er sich nur ein paar Schritte von den Champs-Élysées befindet, ist dort vom Tempo der Stadt nichts zu spüren. Wer ihn finden will, muss sich zum Petit Palais begeben. Architekt Charles Girault ließ zur Weltausstellung von 1900 diesen Belle-Époque-Palast zusammen mit dem Grand Palais vis-à-vis errichten. Bereits zwei Jahre später zog die städtische Sammlung der Schönen Künste in den vormaligen Ausstellungspavillon ein. Kunstwerke aus 15 Jahrhunderten von der Antike bis zum Jugendstil können heute dort bewundert werden, sogar kostenlos – wie in allen städtischen Museen in Paris.

Die ersehnte Oase findet sich jedoch nicht in den prunkvoll dekorierten Sälen, sondern im Innenhof des halbrunden Bauwerks. Dort ist vor ein paar Jahren ein Museumscafé entstanden, das sich zu einem idyllischen Garten hin öffnet. Getränke und kleine Gerichte werden im Innern eines schnörkellos schicken Selbstbedienungsbistros geordert. An schönen Tagen sind die Stühle unter den Arkaden mit Blick ins Grüne sehr begehrt. Umgeben von so viel Schönheit ist dies ein perfekter Platz, um für ein Stündchen die Seele baumeln zu lassen. Entspannt nippt man am Espresso und beobachtet dabei die frechen Spatzen, die nicht immer warten, bis etwas von den kleinen Metalltischen herunterkrümelt. Hier findet man auch die Muße, in einem Buch zu schmökern. Im Winter kann man einen Salat oder einen Café gourmand jedoch auch an einem Tisch im ersten Stock des Museumscafés genießen.

Nach der kleinen Pause sollte man nicht versäumen, noch etwas durch die Säle des Museums zu flanieren. Hier lassen sich Sonnenaufgänge oder Szenen aus den großen Pariser Markthallen ebenso bewundern wie das lässig-elegante Porträt der Diva Sarah Bernhardt oder die entzückende emaillierte Dame mit dem Äffchen. Nach der Portion Kunst und frisch gestärkt geht es dann wieder zurück ins Pariser Treiben.

TIPP

Mit Architekturführern und Schmucknachbildungen ist die Belle Époque auch im Museumsshop Programm.

● Petit Palais/Musée des Beaux-Arts de la Ville de Paris, avenue Winston Churchill, 75008 Paris, petitpalais.paris.fr

● ÖPNV: Metro 1 und 13, Station Champs-Élysées – Clemenceau

Hängende Gärten

49 Musée du quai Branly

Traditionell verewigen sich die französischen Staatspräsidenten meist mit einer Kulturinstitution in der Stadt. So stiftete Pompidou das große Museum der Moderne. Unter Giscard d'Estaing begann der Bau des Museums der Naturwissenschaften, der Cité des Sciences, im Nordosten von Paris. Mitterand, zweimal gewählt, hinterließ Spuren für ein ganzes Jahrhundert. Seinen Nachfolger Chirac setzte das unter Druck, praktisch in letzter Sekunde brachte er das Museum der nicht westlichen Kunst am Quai Branly in die Spur. Damit gelang ihm jedoch ein großer Wurf. Nicht nur die Ausstellungen suchen ihresgleichen, der Bau von Jean Nouvel ist eingebettet in einen eigenen Park, der unweit des Eiffelturms in eine grüne Oase entführt.

Die Fassade zur Seine-Seite bietet jedoch mit einem der vertikalen Gärten von Patrick Blanc noch einen ganz besonderen Clou. Der mittlerweile sehr berühmte habilitierte Botaniker mit dem ostergrasgrünen Haar hat kürzlich noch einmal Hand an seinen hängenden Urwald gelegt, der außer Wasserzufuhr keiner weiteren Pflege bedarf. Für jedes seiner bisherigen gut 300 Projekte auf der ganzen Welt tüftelt er einen individuellen Plan aus. Am Quai Branly hat er 376 verschiedene Pflanzenarten auf einer Unterlage aus Plastik und Filz drapiert, die wie die Kunst des Museums aus aller Welt stammen. Die rund 15.000 Pflanzen haben sich dem hiesigen Klima angepasst und überwuchern die Vertikale. Farne, Moose, Gräser und dekorativ blühende Gewächse ziehen Vögel und Insekten an und liefern damit nicht nur ein viel bestauntes Fotomotiv, sondern sind auch gut für den Ökohaushalt der Stadt. Wer Spaß an dem hängenden Grün hat, findet die Handschrift von Patrick Blanc auch im Flagshipstore der amerikanischen Streetware-Marke Kith an der Rue Pierre Carron oder am Kaufhaus BHV Marais – l'Homme. An der 82, rue Aboukir hat Blanc mit einer Hausfassade ein ganzes Quartier aufgewertet. Sein größtes Biotop ist in einem nicht mehr öffentlichen Hof zwischen Ost- und Nordbahnhof versteckt (rue d'Alsace 11–21).

TIPP

Beim Green Hotel ist der Name Programm – die Fassade ziert ebenfalls ein Garten von Blanc.

- Musée du quai Branly – Jacques Chirac, 37, quai Branly, 75007 Paris
  quaibranly.fr
- ÖPNV: Metro 9, Station Alma – Marceau

Frankreichs Gedächtnis

50

Bibliothèque nationale

König Dagoberts Reisethron, 9000 Comics und das Herz von Voltaire – diese merkwürdige Mischung lockt seit der Wiedereröffnung im Herbst 2022 Pariser und Touristen in den historischen Standort der französischen Nationalbibliothek. Zugegeben, den Ehrensaal mit dem Herzen Voltaires, das in den Sockel seiner Statue eingelassen ist, bekommen Besucher normalerweise nicht zu sehen. Der Metallthron aus der Karolingerzeit ist dagegen eines der Prunkstücke in der glanzvollen Mazarin-Galerie, die zum neu konzipierten Museum der Nationalbibliothek gehört. Die historischen Gebäudeteile, die seit 300 Jahren die gedruckten Schätze Frankreichs beherbergen, wurden behutsam restauriert und durch ein einladendes Foyer und eine elegante Wendeltreppe neu erschlossen.

TIPP

Der Ausgang zur Rue Richelieu führt zum Square Louvois, eine kleine Oase mit Brunnen und Bänken.

Beim Rundgang durch die Säle im Obergeschoss, wo es auch ein Gebetbuch des Heiligen Ludwig, Originalplakate von Toulouse-Lautrec, Notizen Casanovas und Noten Mozarts zu entdecken gibt, kann man auch einen Blick in das „Schlafzimmer Mazarins" werfen, der um 1650 den heute ältesten Teil des Bibliothekskomplexes, das Hôtel Tubeuf, für seine Kunstschätze erwarb.

Die Comics locken auch kleine Besucher in die Salle ovale. In diesem prächtigen Lesesaal kann sich jetzt jeder in die 20.000 hier frei zugänglichen Bücher vertiefen, neben den „Gezeichneten Bänden" auch Paris-Literatur und aktuelle Ausstellungskataloge.

Ebenfalls ohne Forschungsauftrag ist nun auch die Salle Labrouste, einer der berühmtesten Bibliothekssäle der Welt, zu bestaunen. Die neun Metallkuppeln der Decke soll sich der Architekt bei den Krinolinen der Damen im Zweiten Kaiserreich abgeschaut haben.

Am Haupteingang an der Rue Vivienne haben die Gärtner Pflanzen arrangiert, aus denen Papier gemacht werden kann. Glück hat, wer hier mit seinem Tablett aus dem Café kommend noch einen Platz an der Sonne ergattert. Umgeben von Hanfpalmen, Papierbirken und Tempelkiefern, Papyrus und Bambus ist der „Garten des Papiers" wie geschaffen zum Chillen und Schmökern.

- Bibliothèque nationale de France, BNF Site Richelieu, 5, Rue Vivienne, 75002 Paris bnf.fr/fr/richelieu
- ÖPNV: Metro 3, Haltestelle Bourse, Metro 7, 14, Haltestelle Pyramides

Pack die Badehose ein

51 Badeschiff Josephine Baker

Wo ist der Sommer am schönsten? Am Meer. Nicht ohne Grund führt der Ort Le Touquet am Ärmelkanal den Beinamen „Paris Plage“. Für alle, die im Juli und August nicht Muscheln sammeln können, hat die Pariser Stadtverwaltung „Paris Plage“ an die Seine verlegt. Vom echten Strandsand ist man mittlerweile wieder abgekommen, dafür kann man jetzt im Sonnenstuhl mit Blick auf die Wellen chillen und dabei anderen bei Tai-Chi-Übungen oder Pétanque-Turnieren zusehen. Vor allem Kinder lieben die flächendeckende Eisversorgung und die installierten Wasserzerstäuber. Die sorgen bei Groß und Klein nicht nur für Abkühlung, sondern den beglückten Mienen nach zu urteilen auch für ungemeines Vergnügen.

Wer nicht erst auf den Sommer warten will, findet seinen Strand an der Seine ganzjährig unterhalb des Austerlitz-Bahnhofs. Dort ankert ein Badeschiff mit zwei Schwimmbecken. Bereits 1785 bekannt kamen solche Schiffe im 19. Jahrhundert richtig in Mode, als das Schwimmen in der Seine verboten wurde. Das jüngste Exemplar von 2006 ist nach Josephine Baker benannt. Im Bananen-Röckchen wurde die amerikanische Tänzerin in den Goldenen Zwanzigern zum Superstar der Revuen und wippte auf der Bühne der Folies Bergère mit ihren Knien halb Paris um den Verstand.

TIPP

Auf dem Dach der nahen Cité de la Mode ist das Café Oz der größte Open-Air-Club der Stadt.

Nach dem Sprung ins 25 Meter lange Becken taucht man tatsächlich in Seine-Wasser ein, welches zuvor badetauglich aufbereitet und auf angenehme Plansch-Temperatur erwärmt wurde. Anschließend kann man sich in einen Bademantel mummeln und an Deck in einem der Liegestühle ausstrecken. Für besonders Ambitionierte werden verschiedene Schwimm- und Aquafitness-Kurse angeboten. Wer Wert auf Bikinifigur und Waschbrettbauch legt, kann unter Deck auch noch eine Runde an Geräten hantieren und dann in der Sauna entspannen. Ganzjährig geöffnet lässt im Sommer auch die „Josephine Baker“ ihre Hüllen fallen, wenn das Badeschiff mit geöffnetem Dach zum Cabrio wird. In der Woche kann man dann sogar direkt unter dem Sternenhimmel seine Bahnen ziehen.

● Piscine Josephine Baker, quai François Mauriac, 75013 Paris
piscine-baker.fr
● ÖPNV: Metro 6, Station Quai de la Gare

La Piscine
P0172 76 F

Auf Rollen durch die Nacht

52

Montparnasse

Ertappt, die Macaron-Schachtel ist schon leer! Pas de souci – freitags gibt es das perfekte, kostenlose Fitnessprogramm bei einer Tour quer durch die Stadt. Nein, kein Sight-Jogging, viel schneller! Man braucht nur Ausdauer für gute drei Stunden. Vor allem aber muss man sicher rollerskaten können. Denn sonst findet man sich als „Schildkröte" am Ende des Pulks wieder, der einmal pro Woche mit durchschnittlich 25 km/h zu seinem Spaß auf Rollen durch die Stadt aufbricht.
Die ersten Skater verabredeten sich 1993 für einen nächtlichen Parcours, damals noch auf dem Fußweg, von Passanten staunend oder kopfschüttelnd beobachtet. Durch Mund-Propaganda kamen nach und nach weitere Rollfans dazu. Als sich regelmäßig über 500 Skater beim Treffpunkt einfanden, eroberten sie sich die Fahrbahn, natürlich mit Polizeieskorte. Seit der Fußballweltmeisterschaft von 1998 taten in Paris die ersten Polizisten weltweit ihren Dienst auch auf Inlineskatern. Seitdem unterstützten immer Mitglieder der Rollerstaffel die Crew der Organisatoren, um den Pulk sicher durch die Straßen der Hauptstadt zu geleiten. Mittlerweile sind jeden Freitag rund 2000 „rolleurs" unterwegs. Wer dann gerade mit dem Auto durch Paris fährt, ist gut beraten, die Route zu kennen, um nicht so lange ausharren zu müssen, bis der letzte Läufer die Straße passiert hat. Die Rollflitzer, dicht an dicht fahrend, haben selbstverständlich Vorfahrt.

TIPP

Von der Dachterrasse des Montparnasse-Turms aus kann man die Route aus 209 Metern Höhe sehen.

Start der rasantesten Tour de Paris ist immer auf dem Platz zwischen dem Montparnasse-Hochhaus und dem gegenüberliegenden Bahnhof. Von dort bringt der TGV Atlantique mehrmals am Tag die Reisenden in nur 2,5 Stunden bis nach Bordeaux. Auf dem Bahnhofsvorplatz steht freitags um 21.30 Uhr der „Starlight-Express" der Inlineskater unter Dampf. Nach dem Abfahrtsignal düst dieser „Zug" jedes Mal auf einer anderen Route durch die Lichterstadt. Doch keine Sorge, eine Verschnaufpause auf halber Strecke ist immer gesetzt.

● Place Raoul Dautry, 75015 Paris
pari-roller.com
● ÖPNV: Metro 4, 6, 12, 13, Station Montparnasse Bienvenue

P
Café
Le modèle noir

Einen Wunsch frei

53

Pont Marie

„Über 37 Brücken musst Du gehen" müsste es heißen, so viele verbinden jedenfalls die beiden Seineufer. Beliebt bei Liebespaaren ist der Pont des Arts zwischen dem Louvre und der Académie française. Mit der alten Brüstung der hölzernen Brücke wurden auch alle schwergewichtigen Schlösser aus Sicherheitsgründen entfernt. Einige haben aber bereits wieder neue Möglichkeiten gefunden, mit Blick auf Pont Neuf und die Trauerweide an der Spitze der Cité-Insel ihren Liebesschwur an die Brücke zu ketten. Hochzeitspaare werden besonders gern auf dem steinernen Pont Marie abgelichtet, der vom Marais auf die Île Saint-Louis führt. Allerdings sollte man über die heute zweitälteste Brücke nicht nur flanieren. Wer sich unter die Bögen der Brücke begibt, kann sich eine Extraportion Glück sichern. Am bequemsten gelangt man während einer Bootsfahrt auf der Seine dorthin. Man hat die Wahl zwischen mehreren Gesellschaften, deren Ausflugsschiffe nach der Werft im Lyoner Fliegen-Viertel allgemein als „Bateaux Mouches" bezeichnet werden. Die Conférenciers auf den charmanten kleinen Schiffen der Vedettes du Pont Neuf machen die Gäste immer darauf aufmerksam, sich beim Annähern an die Brücke rechtzeitig in Positur zu bringen. Nach einer Legende soll man dann die Augen schließen, seine Begleitung küssen und sich dabei still etwas wünschen. Falls sich die Sitznachbarn an Deck bis dato noch gar nicht kannten, ist das vielleicht der Beginn einer neuen Liebesgeschichte! Der Name der Brücke hat übrigens nichts mit der Jungfrau Maria zu tun. Christophe Marie war der Pariser Generalbevollmächtigte für den Brückenbau. Anfang des 17. Jahrhunderts fusionierte er zwei kleine Inseln zur Insel des heiligen Ludwig. Das neu entstandene Wohnquartier wurde durch den Pont Marie erschlossen, der wie damals üblich zunächst noch mit Wohnhäusern bebaut wurde. Nach einem verhängnisvollen Hochwasser 1658 entstand die Brücke wieder neu, jedoch erst seit 200 Jahren hat man eine unverbaute Sicht auf das Wasser.

TIPP

An den Hauswänden ist zu lesen, wo Camille Claudel oder Charles Baudelaire auf der Insel gewohnt haben.

- Pont Marie, 75004 Paris
- ÖPNV: Metro 7, Station Pont Marie

Brunch mit Aussicht

54

Edmond Restaurant

Einer der schönsten Orte für ein ausgedehntes Sonntagsfrühstück ist das Restaurant im siebten Stock des Terrass" Hotels. Um sich hier ein bisschen wie im siebten Himmel zu fühlen, muss man auch gar kein Hotelgast sein. Frisch gestärkt lässt sich das Künstlerviertel Montmartre auf den Spuren der Malergenies des 19. Jahrhunderts erkunden. Lohnenswert ist auch ein Spaziergang über den Friedhof direkt vor der Tür, wo unter anderem Heinrich Heine, Jacques Offenbach, Alexandre Dumas oder Dalida beerdigt sind.

Bereits vor über 100 Jahren konnten Hotelgäste diesen phantastischen Ausblick über die Dächer von Paris genießen. Edmond Hurand, seit Ende des 19. Jahrhunderts Besitzer des Élysée Montmartre, eines bekannten Konzertsaals im Quartier, hatte zuvor das Grundstück am Fuße des Montmartre-Hügels für einen Hotelbau erworben. Mittlerweile führt die fünfte Generation der Familie das Boutique-Hotel, das bis heute als vornehmste Adresse im 18. Arrondissement gilt. Damit dies auch so bleibt, wurde das Hotel 2016 einmal komplett auf den Kopf gestellt und modernisiert. Die Zimmer legten ihren vormaligen Plüsch ab und zeigten sich in neuem Glanz. Das Petit déjeuner wird seitdem nicht mehr im Erdgeschoss serviert. Mit neuem Konzept und neuer Karte werden die Gäste heute in einem modernen Ambiente direkt unter dem Dach verwöhnt. Wer nach dem Essen gesunde Schritte tun will, kann anstelle des Aufzugs 127 Stufen zu Fuß absolvieren. Zum Brunch oder zum Diner ist seit der Neueröffnung eine Reservierung dringend empfohlen. Für einen Nachmittagskaffee mit Aussicht findet sich jedoch immer ein Platz, auch auf der Terrasse. So mancher tut es dann der Schriftstellerin Colette gleich, die in den Fünfzigerjahren öfter Gast war, und geht vom Petit noir zum Apéro über. Gedankenversunken studiert man noch eine Weile das ebenmäßige Häusermeer und bewundert die berühmten Monumente der Stadt, bei denen in der Blauen Stunde nach und nach die Lichter angehen.

TIPP

Nach 24 Uhr erlischt die Beleuchtung der Monumente und der Eiffelturm tritt im kleinen Schwarzen auf.

- Edmond Restaurant/Terrass Hotel, 12–14, rue Joseph de Maistre, 75018 Paris
  terrass-hotel.com
- ÖPNV: Metro 2 und 13, Station Place de Clichy; Metro 12, Station Abbesses

Königlicher Plan

55 Place des Vosges

Schon den „schönsten Platz“ von Paris entdeckt? Der lauschigste Weg dorthin führt von der Rue Saint-Antoine durch den Ehrenhof und den Garten des Hôtel de Sully. Das Schlösschen aus dem 17. Jahrhundert ist heute Sitz der Verwaltung der nationalen Denkmäler. Wer im Garten den lärmenden Spatzen entlang der efeubewachsenen Wand folgt und dann rechts neben der Orangerie durch den Torbogen tritt, hat ihn gefunden, den geheimen Zugang. Nach einem Wimpernschlag steht man unter den Arkaden des „Königlichen Platzes“. Die Bogengänge gehören zu 36 vermeintlich identischen Pavillons, welche die quadratische Anlage umgeben. Inmitten der Süd- und der Nordseite erheben sich zwei größere Torhäuser über die übrigen Gebäude hinweg. Das prächtiger verzierte im Süden ist König Heinrich IV. gewidmet. Am gegenüberliegenden Pavillon der Königin ist Heinrichs zweite Frau, die Königin Maria von Medici, dargestellt. Der König selbst gilt als geistiger Vater der Platzanlage. Vor 400 Jahren soll er seinen Hofarchitekten Louis Métezeau und Jacques II. Androuet Du Cerceau den Stift geführt haben. Von glücklicher Hand ist auf ihrem Reißbrett der Prototyp eines Königsplatzes entstanden, der – 1612 vollendet – vielmals in Europa nachgeahmt wurde.

Das Farbenspiel der Fassaden mit dem Kontrast zwischen roten Ziegeln und hellen Natursteinen verleiht ihm den besonderen Reiz. Dazu kommt das Grün der Gartenanlage inmitten des Gevierts. Die Rasenflächen werden von Familien, Yogameistern und Tagträumern bevölkert. In den Brunnenbecken planschen Kinder, während sich Tauben und Spatzen um den besten Platz unter dem Wasserstrahl streiten. An lauen Sommerabenden machen es sich junge Pärchen mit Rotwein und Baguette gemütlich und lauschen gern einem, der in die Gitarrensaiten greift. Doch das Glücksgefühl ist perfekt, wenn unter den Arkaden ein Kammerorchester Pachelbels Kanon spielt oder ein Nachwuchs-Farinelli mit glockenklarer Stimme schlagartig alle Gespräche zum Erliegen bringt.

TIPP

Einen Blick in eines der Häuser kann man bei Nr. 6 werfen, früher Wirkungsstätte von Victor Hugo.

- Place des Vosges, 75004 Paris
- ÖPNV: Metro 1, Station St. Paul

Romantik bei Regen

56 Place du Tertre

Auch in Paris regnet es mal. Dann schlägt die Stunde der versierten Flaneure. Sie brauchen nur gescheite Schuhe und einen großen Schirm. Wenn Passanten in die Metroeingänge huschen und die Terrassen plötzlich verlassen sind, bekommt Paris ein besonders Flair. Auf einmal ist alle Hektik des Alltags hinweggespült, alle sonst umlagerten Monumente sind plötzlich verwaist und über der Stadt liegt ein seltsam neblig-warmes Licht. Besonders zauberhaft ist es in der dunklen Jahreszeit rund um die Place du Tertre, dem alten Platz der Maler auf dem Montmartre .
Mit 130 Metern über null ist das einer der höchsten Punkte der Stadt. Hier kann man dem Geist der Boheme um 1900 nachspüren, als sich Renoir, Van Gogh, Toulouse-Lautrec und Picasso zeitweise in dem etwas verwahrlosten, erst 1860 eingemeindeten Dorf am nördlichen Rand der Hauptstadt ihre Ateliers eingerichtet hatten. Bis heute gibt es einige akkreditierte Künstler, die sommers wie winters die Staffelei auf ihren winzigen Parzellen rund um die Place du Tertre aufstellen. Wenn im Sommer die Markisen der Bistrots ausgerollt werden, ziehen jedoch einige Maler zum Square Nadar unterhalb der Sacré-Cœur um. Etwas Geduld benötigt man schon, um zu begutachten, was gerade auf ihren Leinwänden trocknet. Dabei bietet sich manche Gelegenheit für ein besonderes Souvenir – eine Stadtansicht oder auch ein spontanes Porträt. Warum nicht einem der Zeichner Modell sitzen, wenn man die Muße hat?
Wenn sich abends die Restaurants wieder füllen und die Maler ihre Utensilien einpacken, wird es ruhiger im Quartier. Dann tauchen die Laternen die Kuppel von Sacré-Cœur in ein diffuses Orange. Wenn dann ein leichter Regen das Pflaster der nun einsamen Gassen von Montmartre zum Glänzen bringt, meint man, ihn zu spüren, den Hauch der Boheme. Jetzt muss man nur noch zur Aussichtsterrasse vor der Basilika schlendern, dann hat man den Blick über die Dächer der Lichterstadt ganz für sich allein.

TIPP

Einen Blick in eines der Häuser kann man bei Nr. 6 werfen, früher Wirkungsstätte von Victor Hugo.

- Place du Tertre, 75018 Paris
- ÖPNV: Metro 12, Station Abbesses; ggf. Standseilbahn (Funiculaire) bis unterhalb von Sacré-Cœur

Paradiesgarten aus Stein

57

Saint-Séverin de Paris

Je später die Stunde, desto quirliger wird es zwischen Rue Saint-Jacques und Boul' Mich'. In den Gassen des Quartier Latin reiht sich Restaurant an Restaurant. Sie erfreuen sich besonders bei den Besuchern der Hauptstadt großer Beliebtheit. Mittendrin liegt ein von außen unscheinbarer Ruhepol, ein echtes Paradies. Wer ihn finden möchte, muss das Holzportal der Kirche Saint-Séverin aufstoßen und steht dann inmitten eines golden ausgeleuchteten Raums aus Sandstein und Glas.

Bereits im 6. Jahrhundert war hier, beim Grab des heiligen Severin, ein Oratorium nachweisbar. Es wurde zunächst durch eine romanische, später eine gotische Kirche ersetzt. Dieser Bau des 13. Jahrhunderts wurde jedoch zum Ende des Hundertjährigen Krieges fast vollständig ein Opfer der Flammen. Es bedurfte eines Visionärs, der in der Asche den Plan für eine neue Kirche sah. Dieser Guillaume d'Estouteville, Erzpriester an Saint-Séverin, war damals einer der angesehensten Männer Frankreichs: Benediktinerpater, Doktor der Rechte, Abt von Mont Saint-Michel und Erzbischof von Rouen, schließlich Berater des Königs Charles VII. sowie Legat des Papstes in Frankreich. Er förderte den Bau von Kirchen und war als Bauherr auch in Rouen und am Mont Saint-Michel tätig. Im Jahr 1452 initiierte er den Neubau der Severinskirche, der um 1500 vollendet wurde.

TIPP
Die Mosaike in der Station Cluny-La Sorbonne sind auch ein Werk von Bazaine.

Für eine gotische Kirche wirkt Saint-Séverin gedrungen. Der Zauber des Raumes geht vom doppelten Chorumgang und seinen leuchtend blauen, modernen Fenstern aus. Der Maler und Glaskünstler Jean Bazaine schuf inspiriert von den sieben Sakramenten hier eines seiner Hauptwerke. Das zu Flammen verschlungene Maßwerk der Fenster gibt dem Baustil seinen Namen: Flamboyant, Flammengotik. Im Scheitelpunkt des Umgangs nimmt die wohl schönste Säule von Paris ein Netzgewölbe auf. Aus der gedrehten Stütze erwachsen 14 Gewölberippen, die sie mit ihren weniger aufwendigen Nachbarn wie einen steinernen Palmengarten erscheinen lassen, ein kleines Paradies schon auf Erden.

- Saint-Séverin de Paris, 3, rue des Prêtres Saint-Séverin, 75005 Paris
saint-severin.com
- ÖPNV: Metro 10, Station Cluny-La Sorbonne; Metro 4, Station Saint-Michel

Made in Paris

58 Hôtel de Ville

Auf der Suche nach einem Souvenir für die Lieben daheim? Eiffeltürme gibt es natürlich an jeder Straßenecke in allen Größen, Farben und Qualitäten. Auch wenn der Turm das unbestrittene Pariser Wahrzeichen ist: Es gibt auch Alternativen! Eine gute Adresse für besondere Produkte „Made in Paris“ ist seit einigen Jahren das Pariser Rathaus. Auf der Nordseite des 1875 vollendeten Neorenaissance-Baus befindet sich der Eingang zu Paris la Boutique, die unter dem Label „Fabriqué à Paris“ Handverlesenes aus Pariser Manufakturen vertreibt.
Natürlich gibt es auch hier T-Shirts und Kaffeepötte mit Paris-Motiven, Monumente für die Vitrine, aber auch zum Selberbasteln. Beim Durchblättern von Architekturführern, Fotobänden und Büchern über einzelne Stadtviertel erhält man sicherlich schon Tipps für den nächsten Paris-Besuch, auf dem sich vielleicht ein Teddy-Napoléon als Reisebegleitung anbietet. Absolute Liebhaberstücke sind die hölzernen Segelboote, die die Kinder im Luxemburg- und im Tuileriengarten in den Wasserbassins auf „große Fahrt“ schicken.
Für die französischen Momente daheim kann man eine schlichte Wasserkaraffe erstehen, wie sie in Bistros in ganz Frankreich zu einer Mahlzeit dazugereicht wird. Einen süßen Start in den Tag garantiert der Honig aus den Bienenstöcken vom Dach der Pariser Oper. Weil die Bienen in den immer zahlreicher werdenden Dachgärten über Straßenniveau unterwegs sind, ist der Stadthonig nicht nur lecker, sondern auch wirklich gesund. Teetrinker finden in den Regalen den passenden Tee für jede Lebenslage, während Kaffeegourmets die Mischung ihres Lieblingsquartiers mit nach Hause nehmen können. Ein ähnliches Konzept verfolgt die Boutique des neuen Maison Élysée gegenüber dem Präsidentensitz, die ausgesuchte Leckereien, edle Accessoires in den Farben der Tricolore und Spielzeug made in France anbietet. Im zugehörigen kleinen Museum kann man den originalen Schreibtisch mehrerer Präsidenten bestaunen und anschließend im Café noch ein Törtchen von Maître Ducasse genießen, das auch nebenan im Élysée-Palast serviert wird.

TIPP

Die Paris-Sehnsucht mildern die getöpferten Souvenirs vom Atelier Argile Libre in der Rue Ravignan.

- Hôtel de Ville, 29, rue de Rivoli, 75004 Paris
  boutique.paris.fr
- ÖPNV: Metro 1 und 11, Station Hôtel de Ville

PARIS
rENDEz
BOUTIQUE DE L'HÔTEL DE VILLE
VOUS
MAIRIE DE PARIS

Die königliche Achse

59 Tour Saint-Jacques

Um 1670 entstand unter der Ägide des Sonnenkönigs, der sich gerade anschickte, von der Baustelle des Louvre in die Baustelle nach Versailles umzuziehen, eine der phänomenalsten Sichtachsen von Paris. In 8 Kilometern führt sie heute von Perraults Kolonaden im monumentalen Louvreportal bis zum „Bogen der Brüderlichkeit“, der Grande Arche in La Defense.

Nur wenige Minuten vom Louvre entfernt, erhebt sich der spätgotische Turm der früheren Jakobskirche. Die Zunft der Metzger hatte sie Anfang des 16. Jahrhunderts entlang der Route nach Santiago de Compostela im Hallenviertel errichten lassen. Während der Revolution zum Steinbruch deklariert, hat lediglich der rund 50 Meter hohe Glockenturm der Kirche die Zeiten überdauert. Lange Zeit diente er nur als Wetterstation. Nach einer Sanierung vor einigen Jahren ist er jetzt auch für die Öffentlichkeit zugänglich. In den Sommermonaten kann er im Rahmen einer einstündigen Führung bestiegen werden. Nach 300 erklommenen Stufen findet man sich an der Seite von Wasserspeiern und den vier Evangelisten auf der Plattform des Turmes wieder. Eine Weile darf man dann ungestört das Häusermeer im 360°-Panorama bestaunen. Um 10 Uhr und um 17 Uhr ist das Fotolicht am besten.

TIPP

Vom Institut du Monde Arabe kann man kostenlos die Cité-Insel und die Seine überblicken.

Ausgangspunkt der großen Achse waren die Tuilerien-Gärten, die Katharina von Medici vor ihrem an den Louvre grenzenden Palast anlegen ließ. Im Zuge des Louvre-Umbaus erhielt Hofgärtner André Le Nôtre den Auftrag, die Gärten zu überarbeiten. Er profitierte davon, dass die Stadt ihr schützendes Korsett nicht mehr benötigte. Die Festungsmauern Ludwig XIII. wichen Alleen, aus Stadttoren wurden Siegesportale. Le Nôtre verlängerte die Gärten beträchtlich über die Stadtgrenze hinaus, über den heutigen Concorde-Platz und die Champs-Élysées hinweg bis zur Anhöhe des Étoile. Seit 1836 kann man vom Dach des Triumphbogens diesen aus zwölf Alleen gebildeten Stern erfassen.

● Tour Saint-Jacques, square de la Tour Saint-Jacques, 75001 Paris
boutique.toursaintjacques.fr
● ÖPNV: Metro 1 und 11, Station Hôtel de Ville

Probieren statt Studieren

60 Zur Weinlese auf den Montmartre

Am zweiten Oktoberwochenende findet zwischen der Basilika Sacré-Cœur und dem Weinberg von Montmartre das Fest der Weinlese statt. Ein Weinberg in Paris? Nicht nur einer – seit dem Mittelalter haben Mönche und Nonnen an Hügeln in Paris und im Umland Wein gezogen. Durch Eingemeindungen, Immobilienspekulationen und nicht zuletzt die Reblaus war der Weinbau um 1900 jedoch so gut wie zum Erliegen gekommen. Um ein weiteres Neubauprojekt vor der Haustür zu verhindern, heckten einige Originale des Montmartre-Hügels im Jahr 1933 einen pfiffigen Plan aus. Angeführt von Francisque Poulbot, bekannt für seine Zeichnungen der pausbäckigen Rotzlöffel des Quartiers, bepflanzten sie den potenziellen Baugrund kurzerhand mit jungen Rebstöcken. Im Jahr darauf feierten sie bereits das erste Fest, die ersten Trauben wurden drei Jahre später geerntet.

Mittlerweile bringen rund eine halbe Million Besucher den Hügel zur Weinlese wie einen Bienenkorb zum Summen. An den drei Programmtagen gibt es die raren Führungen durch den Weinberg, Verkostung des neuen Jahrgangs inklusive. Diese wird ohnehin großgeschrieben, denn in den Gassen um Sacré-Cœur duftet es verführerisch. An über 100 Ständen des „Parcours der Genüsse" laden Winzer und Bauern aus allen Regionen Frankreichs zum Probieren ein – neben den verschiedenen Weinen kann man auch bei Käse und Schinken, Schnecken und Austern oder Nougat und Anis auf den Geschmack kommen. Samstagvormittag wird der neue Jahrgang vorgestellt. Mit dem Ertrag der 1750 Reben werden durchschnittlich 1000 Flaschen gefüllt, die für soziale Projekte versteigert und sonst auf dem Hügel verkauft werden. Anschließend startet ein bunter Umzug, bei dem die Weinkönigin, Weinbruderschaften und Folkloregruppen in ihren bunten Trachten durch die Gassen ziehen, begleitet von Spielmannszügen, Tänzern und Gauklern. Außerdem finden auf dem ganzen Hügel Konzerte statt und Künstler lassen sich über die Schulter schauen. Mit einem Ball am Sonntagabend klingt das Fest zünftig aus.

TIPP

Mit ca. 50 Euro ist der Wein kein Schnäppchen, dank der Künstler-Etiketten jedoch ein Sammlerstück.

- Vignoble de Montmatre, rue de Saules, 75018 Paris
www.fetedesvendangesdemontmartre.fr
- ÖPNV: Metro 12, Station Abesses

FÊTE DES
VENDANGES

Nachts ins Museum

61

Louvre

Einmal bei Nacht durch die Gänge eines Museums streifen und die Kunstwerke ganz für sich allein haben, das wünscht sich bestimmt so mancher. Ein bisschen Neugier ist vielleicht auch dabei, ob die Exponate wie im Film nächtens ein heimliches Eigenleben entwickeln.
Etwas ruhiger als tagsüber geht es bei den „Nocturnes" am Mittwoch und Freitag – den langen Abenden – im Louvre zu. Im größten Museum der Welt ist man dann zwar auch nicht allein, die Besucherströme folgen jedoch hauptsächlich den Ausschilderungen zur „Mona Lisa", der „Venus von Milo" und der „Nike von Samothrake" im Denon- und im Sully-Flügel. Startet man seine Besichtigung dagegen in den oberen Etagen des nördlichen Richelieu-Flügels, bekommt man im riesigen Rubens-Saal bei Königin Maria von Medici fast eine Privataudienz. Danach ist immer noch Zeit, das geheimnisvolle Lächeln der „Joconde" von Leonardo zu erwidern.
Durch die abends goldglänzende gläserne Pyramide von Ieoh Ming Pei führt der Weg dann wieder vor die Tore des früheren Königspalastes, der 1793 als Museum geöffnet wurde. Besonders die Fans des „Da Vinci Code" dürfen es jedoch nicht versäumen, vor dem Weg nach oben noch der umgekehrten Pyramide auf Höhe des kleinen Carousselbogens einen Besuch abzustatten. Sie zieht nicht nur tagsüber das Licht ins Untergeschoss, sondern bietet mit ihrer knapp über einer Miniatur-Pyramide schwebenden Spitze ein besonders magisches Fotomotiv.
Mit seinen „Nocturnes" am Donnerstag möchte auch das Musée d'Orsay besonders jüngere Besucher anlocken. Freitags können sie länger in den Ausstellungen der Pinault Collection in der Bourse de Commerce bleiben. Im Bois de Boulogne ist der grandiose Bau von Frank Owen Gehry für die Fondation Louis Vuitton immer bis 20 Uhr geöffnet. Ein echtes Herz für Nachteulen hat das Palais de Tokyo: Bis 21 Uhr können sie dort durch die Ausstellungen zeitgenössischer Kunst streifen. Danach wartet noch ein kunstvoll arrangierter Cocktail im Monsieur Bleu mit Blick direkt zum Eiffelturm.

TIPP

Louvre, Pinault Collection und das Musée des Arts et Métiers öffnen einen Abend im Monat kostenlos.

- Musée du Louvre, 75001 Paris
  louvre.fr
- ÖPNV : Metro 1, Station Musée du Louvre (direkte Achse unter die Pyramide)

Kleine Ecke vom Paradies

62

Mouzaïa

Schon die Fahrt mit der Metro in dieses verwunschene Quartier im Nordosten ist besonders. Auf den Chaumont-Hügel zuckeln die kleinsten Waggons der kürzesten Metrolinie 7bis, eine Ergänzung der Linie 7. Sie führt auf einem einspurigen Ring durch das Gebiet eines ehemaligen Gips-Steinbruchs. Der Name Mouzaïa geht auf eine Schlacht in Algerien im 19. Jahrhundert zurück. Die Bewohner des Viertels sprechen lieber vom amerikanischen Quartier. Der Gips wurde auch nach Amerika exportiert und einer Legende nach für das Weiße Haus in Washington verwendet.

Wer an der runden Place Rhin-et-Danube aus der Metro ans Tageslicht kommt, wird von der Figur der „Ernte" begrüßt, eine Reminiszenz an die Mühlen, die es früher in der Gegend gab. Nach ein paar Schritten hügelaufwärts gelangt man zu einem malerischen Fleckchen. Das Dutzend Straßen mit friedlichem Dorfcharakter – ohne Läden, ohne Autos – ist wie geschaffen für einen noch etwas verträumten Morgenspaziergang.

Über altes Kopfsteinpflaster geht es vorbei an Wein und Efeu, womit auch die Masten der traditionellen schmiedeeisernen Straßenlaternen verziert sind. An allen Ecken duftet es nach Rosen, Flieder oder Jasmin. Zwitschernde Amseln spielen inmitten der Ranken Verstecken, observiert von den vielen Katzen auf den Gartenmauern. Manchmal gleitet eine der Samtpfoten von ihrem Ausguck herunter, um sich streicheln zu lassen und ein Stück des Weges mitzukommen.

Ab und an trifft man auch auf einen der Glücklichen, die eines der rund 250 flachen Häuschen mit 60 bis 100 Quadratmeter Wohnfläche und Garten ihr Eigen nennen dürfen. Gebaut wurden sie ab 1880 für die Arbeiter auf dem Hügel nach Entwürfen des Architekten Paul Casimir Fouquiau. Wegen des durch die Steinbrüche zerhöhlten Untergrunds durfte er lediglich kleine Katen mit Erdgeschoss und einer Etage planen. Das instabile Gelände hat einen weiteren Ausbau der Backstein-Häuschen verhindert, sodass das Idyll bis heute fast unverändert erhalten geblieben ist.

- Quartier Mouzaïa, rue de Mouzaïa, 75019 Paris
- ÖPNV: Metro 7bis, Station Danube

Im Cockpit durch den Tunnel

63

Metro 14

Als Kind davon geträumt, mit Lukas und Jim Knopf durch die Welt zu tuckern? In Paris kann man zwar nicht in einer Dampflok, aber ganz vorn in einem Metrozug Platz nehmen und in rasantem Tempo durch die Tunnelröhren düsen. Wirklich steuern kann man natürlich nicht, die Armaturen sind nur aufgeklebt. Trotzdem sitzen oft viele Kinder direkt hinter der Frontscheibe – überraschende Einblicke in das unterirdische Labyrinth garantiert.

1998 wurde die Linie 14 als erste vollautomatisierte Metro in Paris an den Start gebracht. Der Fahrer ist ein Computer, der die Wagen in den Stationen millimetergenau zum Halten bringt. Ursprünglich sollte die Linie Météor heißen, die französische Abkürzung für West-Ost-Schnelllinie der Metro, die das umständliche Umsteigen zwischen den Kopfbahnhöfen erleichtern sollte. Da der Ausbau komplizierter war als erwartet, wurde die „Sternschnuppe" schließlich zur Metrolinie degradiert und ging zunächst auf verkürzter Strecke zwischen Madeleinekirche und Nationalbibliothek in die Spur. Im Zuge des derzeitigen Ausbaus des Pariser Nahverkehrs für die Olympischen Spiele 2024 nimmt das Projekt jetzt wieder an Fahrt auf.

Weil die M 14 die erste nach dem Zweiten Weltkrieg gebaute U-Bahn ist, gibt es in den Stationen nicht die üblichen kleinen weißen Kacheln. Für Météor hatten sich die Architekten Jean-Pierre Vaysse und Bernard Kohn ein futuristisches, luftiges Design aus Glas, Beton und Marmor ausgedacht. Wenn man heute an der Station Madeleine von der Linie 14 in die 12 umsteigt, fühlt man sich wie aus der Zukunft zurück in die Vergangenheit gebeamt. Die 12 ist eine der ältesten Strecken von Paris, dort fahren auch noch 50 Jahre alte Wagen. An den Schiebetüren, die noch von Hand mit einem Drehhebel geöffnet werden, warnt seit einem halben Jahrhundert das kultige RATP-Maskottchen „Serge le Lapin" vor eingeklemmten Fingern, wenn die Türen nach energischem Signal zuschnappen und sich dieser „Zeuge der Vergangenheit" wieder in Bewegung setzt.

TIPP

Auf einer der Hauptlinien, der M 1, kann man mittlerweile ebenfalls „im Cockpit" Metrofahrer spielen.

● Metro 14, Station Madeleine

12 Aubervilliers
Mairie d'Issy
08

Jazz am Donnerstag

64

Les Deux Magots

Saint-Germain-des-Prés – der Name des Viertels klingt nach Klosterchorälen, den Trillern einer Jazztrompete und nach Debatten der Intellektuellen in einem Café. Rund um die Abteikirche Saint-Germain-des-Prés entstanden um 1880 kurz nacheinander drei Lokale, die die Künstler des Linken Ufers zu einem Stelldichein riefen: Les deux Magots, Café de Flore und Brasserie Lipp. Arthur Rimbaud suchte den „Triangle d'Or" gern zum Dichten und Träumen auf, sein Begleiter Paul Verlaine zum Dichten und Trinken. Nach dem Ersten Weltkrieg traf man hier auf Picasso, der aus der Nachbarschaft auf einen Sprung vorbeikam, während Ernest Hemingway einen Platz auf einer der Terrassen bezog, um den Stoff für sein nächstes Buch auf der Straße aufzulesen.

Das bekannteste der drei ist das Café Les Deux Magots. Zu seiner Popularität haben zwei hölzerne chinesische Händlerfiguren beigetragen. Diese „Magots" sind die Überbleibsel eines kleinen Kaufhauses, das 1885 seine Pforten schloss. Seitdem überblicken die Figuren von einer Säule die Szenerie im Saal und sind als Maskottchen auf Geschirr und Karte verewigt. Dank eines Literaturpreises, gestiftet 1933, wurde es zum Wohnzimmer vieler Schriftsteller. Jean-Paul Sartre und Simone de Beauvoir richteten sich zu dieser Zeit als Stammkunden jedoch nebenan im Café de Flore ein. Sartres Einschätzung, dass nur die Tradierten im Deux Magots bleiben würden, während die Avantgarde im Flore zu finden sei, konnte nicht verschleiern, dass ihn während des Krieges besonders ein Holzofen ins Café de Flore zog. Bei Bestellung eines einzigen Kaffees ließ man ihn im Obergeschoss fast ungestört den ganzen Tag mit warmen Füßen schreiben.

An Donnerstagabenden fühlt man sich bei den Konzerten im Deux Magots ein bisschen in die Fünfzigerjahre zurückversetzt, als in St. Germain ein Jazzkeller nach dem anderen öffnete. Wenn von der Bühne sanfte Trompetentöne erklingen, sieht man vor dem geistigen Auge die junge Juliette Greco mit Miles Davis flirten. Und Miles? Smiles.

TIPP

An den berühmtesten Jazzclub – le Tabou – erinnert ein Schild an der Ecke Rue Christine/Rue Dauphine.

● Les Deux Magots, 6, Place Saint-Germain des Prés, 75006 Paris
lesdeuxmagots.fr, parisjazzclub.net
● ÖPNV: Metro 4, Station Saint-Germain-des-Prés

Der sechste Sinn

65 Musée Cluny

„Das Einhorn aber ist schön, wie in Wellen bewegt", schwärmte Rainer Maria Rilke in seinen Bildbetrachtungen über sechs mittelalterliche Wandteppiche, die zu den größten Schätzen des Musée Cluny gehören. Schriftsteller Prosper Merimée, Generalinspektor der französischen Denkmäler, hatte die wertvollen Tapisserien 1841 auf einer Reise durch das Limousin in einem Landschloss entdeckt. Später wurde die Serie mit einer Dame und ihrem Einhorn, die ursprünglich aus acht Bildteppichen bestanden haben soll, für das Mittelalter-Museum angekauft und restauriert. Seitdem zerbrechen sich Kunsthistoriker den Kopf, was die eingewebten Bilder zu bedeuten haben. Das von einem Löwen getragene Familienwappen mit drei Halbmonden lässt vermuten, dass sie ein reicher Lyoner, Antoine II Le Viste, aus dem Dunstkreis der Krone um 1500 in Auftrag gegeben hat.

Fünf der Tapisserien scheinen die fünf Sinne darzustellen. Der sechste und die nicht mehr erhaltenen Teppiche geben jedoch Rätsel auf, da sie nicht mehr in die Serie passen. Überschrieben ist das sechste Bildnis mit der Devise „Mon seul desir" und den Initialen A und I, die für den Auftraggeber und seine Gemahlin stehen könnten. Die Dame legt offenbar ein Schmuckstück in eine Schatulle, einige sehen hier ein Motiv der Entsagung. Vielleicht erzählen der Löwe, die Dame und das Einhorn jedoch auch die unerhörte Geschichte einer Ménage-à-trois? Ob der Liebhaber als Einhorn den Spiegel vorgehalten bekommt und was sich hinter dem „einzigen Verlangen" wirklich verbirgt, kann jeder für sich ergründen oder sich einfach nur an den zauberhaften Motiven erfreuen. Seit der Wiedereröffnung des Museums im Mai 2022 können auch die zufällig 1977 wiedergefundenen Fragmente der Könige Judäas wieder besichtigt werden. Die geheimnisvollen Köpfe wurden während der Revolution aus der Fassade von Notre-Dame gerissen. Farbspuren beweisen, dass die Westfassade der Kathedrale einst prächtig bunt dekoriert war.

TIPP

Zum Museum gehören die Reste der römischen Thermen, einen kostenlosen Blick gibt es am Boulevard Saint-Michel.

● Musée Cluny, 28, rue du Sommerard, 75005 Paris
musee-moyenage.fr
● ÖPNV: Metro 10, Station Cluny-La Sorbonne

Beschwingte Fassaden

66

Castel Béranger

Wer einen ersten Blick auf Hector Guimards Werk werfen möchte, braucht nur die Metro zu benutzen. Knapp 90 der verschnörkelten Jugendstileingänge, für die er nach einem Wettbewerb Anfang 1900 engagiert wurde, sind noch erhalten. Den schönsten, die glasüberdachte „Libelle", kann man an der Station Porte Dauphine im Pariser Westen bewundern. In Auteuil, im Nachbarquartier am westlichen Stadtrand, kommen Jugendstilfans dann voll auf ihre Kosten. Hier war Guimard als Teenager in die „besseren Kreise" eingeführt worden. Bereits als Student der dekorativen Künste und der Architektur brachten ihm diese Kontakte erste Aufträge ein. Die begüterte Witwe Fournier beauftragte den 27-Jährigen mit einem repräsentativen Apartmenthaus. Inspiriert durch einen Besuch bei Victor Horta, dem belgischen Meister des Jugendstils, plante der junge Architekt die dreiteilige Gebäudegruppe im neuen Stil, der „Art nouveau".

Mit den organischen Linien, rankenden Pflanzen und Tierdarstellungen konnte Guimard die Jury überzeugen und gewann 1898 den Preis für die schönste Pariser Fassade. Eine Zeit lang bewohnte er selbst eine der 36 kleinen Wohnungen des „Castel Béranger", für die er auch das komplette Innenleben – Fahrstuhl, Fenster, Tapeten, Türklinken und sogar die Möbel – kreiert hatte. Einen Eindruck von seinen floralen Möbelentwürfen bekommt man heute noch im Musée d'Orsay.

Obwohl der geschwungene „Nudelstil" bald wieder außer Mode kam, blieb Hector Guimard mit seinem ganzheitlichen Gestaltungsansatz bis in die Zwanzigerjahre besonders in Auteuil gut im Geschäft. Rund um das Castel Béranger findet man etliche Jugendstilfassaden, die seine Signatur tragen. Nur wenige Schritte entfernt trifft man an der Rue Agar auf ein weiteres Großprojekt von Guimard, der für diese Straße sogar die Beschilderung entwarf – einzigartig in Paris. Spaziert man weiter stadtauswärts, kann man an der 122, Avenue Mozart das Haus entdecken, das sich der Architekt selbst zur Hochzeit plante.

TIPP

Einzigartig ist auch seine Synagoge an der Rue Pavée – um sie zu entdecken, geht es mit der Metro ins Marais.

- Castel Béranger, 14, rue Jean de la Fontaine, 75016 Paris
- ÖPNV: Metro 9, Station Jasmin/Ranelagh

CASTEL
BERANGER

Oscar Wildes Aura

67

L'Hôtel

„Ich habe einen sehr einfachen Geschmack, ich bin nur mit dem besten zufrieden." Der irische Schriftsteller, der sich gern als Dandy inszenierte, wäre mit dem heutigen Aussehen seines letzten Domizils garantiert sehr zufrieden gewesen. Das frühere Hotel d'Alsace hat der Designer Jacques Garcia in ein richtiges Schmuckstück verwandelt. Das kleine Boutique-Hotel „L'Hôtel", nur wenige Schritte von der Kunstakademie entfernt, verwöhnt seine Gäste in individuell gestalteten Zimmern. So kann man sein Quartier in einem neugotischen Ambiente im Stil Violet-le-Ducs aufschlagen oder die Nacht im originalen Bett der in den Zwanzigerjahren verehrten Chansonnière Mistinguett verbringen. Auch Salvador Dalí, Serge Gainsbourg und Jim Morrison waren hier Gäste.

TIPP

Oscar Wildes Grab ist heute eine der „Pilgerstätten" auf dem berühmten Friedhof Père Lachaise.

Das seinerzeit spartanische Zimmer Oscar Wildes existiert jedoch nicht mehr. Nach einem Gefängnisaufenthalt in England angeschlagen und ohne nennenswerte Einnahmen bezog der Schriftsteller 1898 das eher armselige Hotel, um „über seine Verhältnisse zu sterben". Die heutige Oscar-Wilde-Suite ist dagegen im Geschmack seiner besten Jahre sehr opulent eingerichtet. Große Wilde-Fans können hier auch einige originale Erinnerungsstücke, darunter eine Hotelrechnung aus den letzten Tagen des berühmten Hotelgastes, studieren.

Wer heute nicht über seine Verhältnisse wohnen möchte, kann ab 17 Uhr der Bar einen Besuch abstatten. Sie ist im Empirestil, typisch für die Erbauungszeit des Hauses Anfang des 19. Jahrhunderts, eingerichtet. Der Cocktail „Into the Wilde", ein Mix aus Whisky, Tabaklikör und Schokolade, ist eine kleine Anspielung auf die vormals hier gelegene Stube des Schriftstellers. Am Kamin ist der beste Platz, um sich am Glas nippend über seine Bonmots zu amüsieren, an manchem Abend noch von einer Band musikalisch untermalt. Bevor man dann beflügelt wieder unter die Sterne von Paris tritt, ist im Treppenhaus unbedingt noch ein Blick nach oben anzuraten: mit seiner „unendlichen Wendeltreppe" ein echtes architektonisches Kleinod.

- L'Hôtel, 13, rue des Beaux-Arts, 75006 Paris
  l-hotel.com
- ÖPNV: Metro 4, Station Saint-Germain-des-Prés

ICI VECUT
JORGE LUIS BORGES
1899 - 1986
Ecrivain Argentin
LORS DE SES FREQUENTS SEJOURS
A PARIS DE 1977 A 1984
13
13
MICHELIN
H

Die Galerie der schönen Dinge

68

Galerie Vivienne

1823 hatte der Notar Marchoux ein äußerst glückliches Händchen, als er dem Architekten Delannoy den Auftrag für eine Galerie parallel zur Rue Vivienne erteilte. Dekoriert mit antiken Nymphen und Blumenranken in neoklassizistischem Stil war sie für ihren Bauherren eine gewinnbringende Investition und gilt heute als schönste Galerie von Paris. Ihre große Zeit hatte die Passage bis zum Ende des Zweiten Kaiserreichs, bevor die Kundschaft der Schuhmacher, Schneider und Kurzwarenhändler peu à peu in die großen Kaufhäuser abwanderte.
Mit dem Einzug von Jean-Paul Gaultier am Eingang der Rue Vivienne erlebte die Galerie eine glückliche Renaissance. Das Enfant Terrible der Pariser Modeschöpfer – der frühere Assistent von Pierre Cardin – eröffnete hier 1986 seinen ersten eigenen Laden, in dem er Popeye-Shirts und Korsagen salonfähig machte. Nach 50 Jahren Haute Couture hat er sich 2020 aus dem aktiven Geschäft zurückgezogen. In den früheren Pilgerort für Fashionistas ist das italienische Lokal Daroco eingezogen, dessen Garçons als Reminiszenz an Gaultier in Matrosenshirts servieren.
Auch ohne Gaultier ist die Galerie Vivienne ein angesagter Ort, um ausgefallene und schöne Dinge zu entdecken. Einen ganzen Nachmittag verstöbern kann man – seit 1826 – bei „Jousseaume". Alte Folianten, Fotobände und Schätzchen zur Geschichte von Paris lassen jeden Buchliebhaber ins Schwärmen geraten. An den großen Bären vor der Tür des Spielwarengeschäfts „Si tu veux" kommt dagegen kein Kind, vor allem aber keine Großmutter vorbei. Wer etwas verschenken möchte, entdeckt bei den fantasievollen Spielzeugen seine eigene Kinderseele wieder. Am Seiteneingang an der Rue de la Banque stößt man auf das winzige Parfümgeschäft „Binet Papillon", Zusammenschluss zweier unabhängiger Parfumeure. In den Flakons mit dem historischen Kartenausschnitt schlummern interessante Düfte mit nicht minder interessanten Namen. Und, neugierig, wie das „Neugierige Cologne" oder die „Unhöfliche Rose" duften?

TIPP

Nachbarin ist die Galerie Colbert mit ihrer 17 Meter breiten Kuppel.

● Galerie Vivienne, Eingang über 6, rue Vivienne, 4, rue des Petits-Champs und 5, rue de la Banque, 75002 Paris
● ÖPNV: Metro 3, Station Bourse

Ins Licht gesetzt

69 Pont Alexander III.

La Ville lumière – spätestens seit der Weltausstellung 1900 gilt Paris als Hauptstadt des Lichts. Wenn in der Dämmerung die Laternen angehen, bringen sie auch die Sehenswürdigkeiten der Stadt zum Glänzen. Bei einem romantischen Bummel lässt sich der Charme der Lichterstadt am besten auf dem Pont Alexandre III. ausmachen. Die neobarocke Brücke überspannt seit 1900 in einem einzigen Bogen die Seine. Als Widerlager fungieren die vier Pylone, die sich mit ihren vergoldeten allegorischen Figuren für Kunst und Wissenschaft, Kampf und Krieg in das opulente Dekor der Belle Époque integrieren, welche die Brücke zur schönsten von Paris machen. Beleuchtet wird sie durch 32 Bronzekandelaber, die die Achse zwischen Invalidendom sowie dem Grand und dem Petit Palais in Szene setzen.

Namenspatron ist Zar Alexander III., dessen Sohn Nikolaus II. kurz vor der Weltausstellung 1900 den Grundstein legte. Deshalb gilt das Monument auch als Zeichen der frankorussischen Allianz. Bei einer Schifffahrt kann man den Nymphen, die die Newa in Sankt Petersburg und die Pariser Seine symbolisieren, am nächsten kommen, für das perfekte Foto jedoch am besten in der Mittagssonne.

Bereits 1667 flackerten auf Pariser Straßen die ersten öffentlichen Öllaternen. Ab 1820 wurden die rußigen Funzeln durch Gasleuchten abgelöst, die gute 100 Jahre lang die Gassen illuminierten. Eine Fülle an Laternenmodellen – mal fünfarmige Kandelaber, mal Peitschenlampen – sind im Stadtbild immer noch zu finden, besonders abwechslungsreich auf den Seinebrücken. Futuristisch muten die Laternen auf dem Pont Alma an, noch „verrückter" war die Idee von Teleskop-Leuchten auf der Carrousel-Brücke beim Louvre, welche sich bei Nacht verlängern konnten. Am elegantesten strahlen die lampentragenden antiken Schönheiten – abwechselnd Figuren des Morgen- und des Abendsterns – an der alten Oper.

TIPP

Die letzte Gaslaterne im Pariser Raum steht im südwestlichen Vorort Malakoff.

- Pont Alexandre III., 75008 Paris
- ÖPNV: Metro 8, 13, RER C, Station Invalides

Ins Glück rudern

70

Lac Daumesnil

Für Frischverliebte oder Paare, die schon ganz lange auf Wolke sieben schweben, gibt es garantiert keinen romantischeren Ort als ein Ruderboot auf dem Lac Daumesnil. An Bord von „Idefix" oder „Bambi", „Esmeralda" oder „Romeo" kann man am westlichen Rand des Bois de Vincennes für eine Stunde oder zwei der Welt entrücken. Außer im Winter sind die Holzboote für wenig Geld zwischen 10 und 19 Uhr zu mieten. Bereits vor 100 Jahren haben fesche Kerle versucht, ihre Angebetete hier bei einer Ruderpartie rund um die Île de Reuilly und die Île de Bercy zu beeindrucken.

Der künstliche See gehört neben dem Zoo und der Trabrennbahn zu den beliebtesten Plätzen im östlichen Pariser Stadtwald. Schon im 11. Jahrhundert kamen die französischen Könige gern zur Jagd hierher. Der im Mittelalter begonnene Schlossbau mit seiner Sainte Chapelle diente bis ins 18. Jahrhundert als Nebenresidenz der Krone. 1860 beauftragte Kaiser Napoléon III. seinen Landschaftsplaner Jean-Charles Alphand damit, anstelle der königlichen Jagddomäne am Ostrand der Hauptstadt eine weitere grüne Lunge anzulegen. Aus verschlungenen Pfaden, Hügeln sowie von Seine und Marne gespeisten Seen passte er einen englischen Landschaftspark in das Waldgelände ein.

Die beiden mit einer Brücke verbundenen Inseln des Lac Daumesnil sind ein Paradies für Mensch und Tier, in dem es auch viele seltene Bäume zu entdecken gibt. Für die Portion Romantik sorgte Baumeister Davioud, der auf der Reuilly-Insel einen „Sybille-Tempel" sowie eine Grotte anlegen ließ. Im Sommer bauen sich in dem zerklüfteten Gestein Wasservögel ihr Nest. Vom Kahn aus vorsichtig herangetastet, lassen sich die um ihren Nachwuchs bemühten Vogeleltern ganz aus der Nähe beobachten. Die Keckeren laden sich gern selbst ein, wenn das Ruderboot mit Tischdeckchen und Sektgläsern für ein Diner nur für zwei herausgeputzt wird. Aber wer kann einer Entendame schon etwas abschlagen, wenn sie charmant mit dem Sterz wackelt?

TIPP

Im Sommer lässt es sich gut im Poisson Lune, auf der Sonnenterrasse des Palais de la Porte Dorée, relaxen.

● Barques du lac Daumesnil, route de ceinture du lac Daumesnil, 75012 Paris
barques.org
● ÖPNV: Metro 8, Station Porte Dorée

Russische Seele

71 Alexander-Newski-Kathedrale

Nathalie! In seinem Ohrwurm stapfte Gilbert Bécaud hinter der Moskauer Stadtführerin über den verschneiten Roten Platz und träumte davon, eines Tages für sie den Fremdenführer in Paris zu geben. Sicherlich hätte er ihr nicht nur die Champs-Élysées, sondern auch die alte russisch-orthodoxe Kathedrale gezeigt. Benannt nach dem russischen Nationalheiligen Alexander Newski liegt die Kirche versteckt in einer kleinen Straße nahe des Monceau-Parks.

Mit Ausnahme der kleinen goldenen Zwiebeltürme, die Jesus und die vier Evangelisten symbolisieren, offenbart sich die wahre Pracht des byzantinischen Stils erst im Inneren. An Dienstag-, Freitag- und Sonntagnachmittagen kann man die vergoldeten Kuppeln, die mit Mosaiken und Gemälden überzogenen Wände sowie die prächtige Ikonostase aus Eichenholz bewundern. Gepredigt wird traditionell in „Kirchenslawisch". Ob Picasso überhaupt etwas verstand, als er hier 1918 die russische Balletttänzerin Olga Chochlowa heiratete?

Ein imaginäres Band zwischen Russland und Frankreich gibt es schon seit dem 11. Jahrhundert, als die Prinzessin Anne von Kiew französische Königin wurde. Eine orthodoxe Gemeinde gibt es seit dem 18. Jahrhundert. Als russische Offiziere zusammen mit den alliierten Truppen Napoléons Heer 1814 nach Frankreich zurückdrängten, kamen sie erstmals in Berührung mit den Idealen der Französischen Revolution. Kurz darauf flohen Zehntausende russische Intellektuelle nach einem gescheiterten Putsch gegen den Zaren nach Paris. Die stetig wachsende russische Gemeinde bemühte sich jahrelang um den Bau einer eigenen orthodoxen Kirche. Kaiser Napoléon III. gab schließlich grünes Licht und urteilte später über den Entwurf „eigenwillig, originell, aber sehr schön". Der russische Zar Alexander II. sandte etwas Geld und seinen Hofarchitekten Roman Kouzmine aus St. Petersburg. 1861 konnte die Kirche endlich geweiht werden, 1922 wurde sie zur Kathedrale erhoben.

TIPP

In der Epicerie Russe, Rue de la Terrasse, findet man die russische Seele in Borschtsch und Wodka.

● Cathédrale Saint-Alexandre-Nevsky, 12, rue Daru 12, 75008 Paris
cathedrale-orthodoxe.com
● ÖPNV: Metro 12, Station Courcelles

Im Salon der Marquise

72

Musée Carnavalet

Eine Einladung von Madame de Sevigné? Das verspricht ein interessanter Nachmittag zu werden. Die Marquise galt als eine der geistreichsten Frauen ihrer Zeit. Bereits mit 25 Jahren verlor sie ihren Mann, einen bretonischen Adligen, der sich wegen einer Geliebten duellierte – ein Glücksfall für die junge Witwe! Selbst hinreichend begütert richtete sie sich mit ihren beiden Kindern kurzerhand wieder in Paris ein.

Mit ihrem Esprit war sie ein gern gesehener Gast in literarischen und philosophischen Salons. Ihre Briefe gingen am Hof von Hand zu Hand. Als ihre Tochter einen Grafen aus der Provence heiratete, schrieb sich die Marquise in über 1000 erhaltenen Briefen den Kummer von der Seele und berichtete ihr mal scharfzüngig, mal plaudernd von den Ereignissen aus Paris und Versailles.

TIPP

Für sonnige Nachmittage und laue Sommerabende ist das Gartenrestaurant der Clou.

1677 mietete Madame de Sevigné das Hôtel de Carnavalet. Das um 1550 erbaute Renaissance-Palais wurde 100 Jahre später vom Hofarchitekten François Mansart umgebaut. Um 1600 gehörte das Anwesen einer bretonischen Adligen, Madame de Kernevenoc'h, was die Pariser zu Carnavalet verballhornten. Sie hatte offenbar Humor und ließ als Hinweis auf ihren Namen eine „Masque du carnaval" über der Kutscheneinfahrt anbringen.

Seit 1880 ist hier das Museum der Stadtgeschichte untergebracht, das nach einer Frischzellenkur wieder Besucher anzieht. Ein Raum ist der berühmten Briefeschreiberin gewidmet, die hier an ihrem kleinen Sekretär 20 Jahre lang ihren Alltag für die Nachwelt festgehalten hat. Im Museum sind viele Stadtkarten, Modelle und Ansichten nicht mehr existenter Bauten zu sehen, die die DNA des heutigen Paris verstehen lassen. Außerdem findet man Kunstwerke, Mobiliar und Alltagsgerätschaften aus 2000 Jahren Stadtgeschichte. So kann man hier die Schönheit der Madame Récamier auf ihrem Chaiselongue bewundern, in Alphonse Muchas Jugendstildekor für den Laden des Juweliers Fouquet versinken oder an Marcel Prousts Bettkante über die Zeit sinnieren, verloren ist sie hier nicht.

- Musée Carnavalet, 23, rue de Sevigne, 75003 Paris
carnavalet.paris.fr
- ÖPNV: Metro 1, Station St. Paul

Von Kronen und Juwelen

73 Rue de la Paix & Place Vendôme

Nicht nur beim Monopolyspielen ist die Rue de la Paix eine angesagte Adresse. Die „französische Schlossallee“ bildet mit der angrenzenden Place Vendôme die Meile der Juweliere. Beim Blick in die Schaufenster von über 30 hochkarätigen Ladenlokalen schlagen nicht nur Mädchenherzen angesichts der funkelnden Diamanten höher.

Der achteckige Königsplatz wurde um 1700 von Jules Hardouin-Mansart angelegt. Goldene Sonnen an den Fenstergittern verraten Ludwig XIV. als Auftraggeber. Doch seit 1810 überblickt Napoléon I. den Platz von der Spitze der Austerlitzsäule. Er hatte die Rue de la Paix als „schönste Straße von Paris“ anlegen lassen, bis 1814 trug sie seinen Namen. Damals zog mit Mellerio der erste Juwelier an die mondäne Straße. Seit 1899 werden hier jedoch immer die mondänen Auslagen von Cartier besonders bewundert, der bereits kurz nach seiner Gründung 1847 als Hofjuwelier der Kaiserin Eugénie Berühmtheit erlangte. Ebenfalls kaiserlicher Kundschaft konnte sich Chaumet am Place Vendôme rühmen. Der Firmengründer Etienne Nitot verlegte 1812 seinen Laden in das Haus des heutigen Ritz-Hotels. Er war der Lieblingsjuwelier der Kaiserin Josephine und fertigte auch die Krone, die sich Napoléon I. in Notre-Dame selbst aufs Haupt drückte. Um 1900 bezog das Geschäft den heutigen Firmensitz in Nr. 12, wo Frédéric Chopin seine letzte Adresse hatte.

Chanel Joaillerie ist ebenfalls mit einem eigenen Geschäft am Place Vendôme vertreten. Die Firmengründerin Coco Chanel gehörte lange Zeit zu den Stammkundinnen des Ritz. Über 30 Jahre hatte sie hier „ihr Schlafzimmer“, das sie morgens über den Personaleingang verließ, um zu ihrem Atelier schräg gegenüber an der Rue Cambon Nr. 31 zu gelangen. Die über dem Atelier eingerichtete Wohnung diente ihr nur zum Arbeiten und als Salon für Gäste. Ab 1983 ging „Kaiser“ Karl Lagerfeld in den original erhaltenen Räumen von Zeit zu Zeit in Klausur. Nach dem Tod der Gründerin brachte der langjährige Chefdesigner von Chanel das Doppel-C wieder zum Glänzen.

TIPP

Ausgefallenen, aber erschwinglichen Schmuck kreiert Jérémie Barthod (7, rue des Trois Frères).

- Rue de la Paix, 75002 Paris und Place Vendôme, 75001 Paris
- ÖPNV: Metro 3, 7, 8, Station Opéra (Rue de la Paix) und Metro 1, Station Tuileries (Place Vendôme)

Das Auge isst mit

74 Train Bleu

Eine Einladung zum romantischen Diner an den Bahnhof? Klingt, als ob die Beziehung ganz schnell ganz unromantisch wieder vorbei ist. In Paris sollte man diese Einladung allerdings unbedingt und unbesorgt annehmen, denn es kann nur die Gare de Lyon mit dem Train Bleu gemeint sein. Im Zuge der Weltausstellung 1900 wurde das ältere Bahnhofsgebäude umgebaut und vergrößert. Schon von fern werden die Reisenden seitdem durch den 67 Meter hohen Uhrenturm daran erinnert, wie viel Zeit ihnen noch bis zur Abfahrt in die südliche Sonne bleibt. Doch mancher hat hier seinen Zug in Richtung Côte d'Azur und Alpen schon verpasst, weil er sich noch am opulenten Dekor des „Blauen Zuges" berauschte, mögliche Reiseziele wie den Mont-Blanc, Grenoble, Orange oder Marseille in der Wandbemalung schon vor Augen.

Während der Baumaßnahmen keimte die Idee, hier ein „Buffet de la Gare" einzurichten, bereits 1901 wurde es im ersten Stock mit Blick über die Bahnsteige eröffnet. 1963 wurde es nach dem luxuriösen Nachtzug benannt, der seit den Zwanzigerjahren ab Gare de Lyon auf der Strecke Paris–Ventimiglia ans Mittelmeer verkehrte.

2014 komplett restauriert, erstrahlt das wohl schönste Belle-Époque-Restaurant von Paris wieder in neuem Glanz, nomen est omen mit blau bezogenen Stühlen im großen Salle Réjane und farblich passender Dienstkleidung des Personals. Seit 2018 zaubert das Küchenteam unter der Ägide des Zweisternekochs Michel Rostang mittags und abends neu interpretierte französische Klassiker. Bei einem Zwischenstopp kann man sich mit einem Drink in der Lounge im blauen marokkanischen Saal entspannen. In der Bar, die mit ihren blauen Bänken an das Interieur eines noblen Zugabteils erinnert, kann man sich neben Cocktails am Abend auch Frühstück servieren lassen. Für manchen ist der „Blaue Zug" das eigentliche Ziel der Reise, die beispielsweise Coco Chanel, Jean Cocteau, Brigitte Bardot, Salvador Dalí oder François Mitterand immer wieder gern angetreten haben.

TIPP

Ein filmisches Denkmal wurde dem Train Bleu in „Nikita", „Place Vendôme" und „Mr. Bean macht Ferien" gesetzt.

- Le Train Bleu, 1er étage Gare de Lyon, Place Louis Armand, 75012 Paris
le-train-bleu.com
- ÖPNV: Metro 1, 14, Station Gare de Lyon

Beim Grünen Galan

75 Pont Neuf

Wer sich in Paris ausnehmend guter Gesundheit erfreut, dem wird attestiert, so solide und stark zu sein wie Pont Neuf. König Henry IV. weihte 1607 die steinerne Brücke ein. Unbeeindruckt von Feuer oder Hochwasser ist sie größtenteils in der Originalsubstanz erhalten und daher heute die älteste Brücke der Stadt. An der Spitze der Île de la Cité ermöglichte sie als erste ohne Bebauung eine freie Sicht auf das Wasser und überspannte zudem erstmals die komplette Breite des Flusses.

Auf einem Plateau auf Höhe der Brückenmitte sitzt König Heinrich seit 1614 fest im Sattel. Die königliche Reiterstatue wendet diskret der Spitze der Cité-Insel den Rücken zu. Im dortigen „Garten des grünen Galan" treffen sich an den Sommerabenden die Liebespaare, sitzen auf der Ufermauer oder entziehen sich im Schutz der großen Trauerweide neugierigen Blicken. Am romantischsten ist es hier jedoch, wenn die Inselspitze an einem nebligen Herbsttag ganz verwaist ist. Nach einem Bummel Arm in Arm den Quai entlang kann man es sich aneinandergekuschelt auf einer Decke gemütlich machen, um den vorbeifahrenden Schiffen hinterherzuschauen und seinen Träumen nachzuhängen.

TIPP

Die friedliche Place Dauphine ist wie geschaffen für eine kleine Partie Pétanque.

Mit dem grünen Galan – dem Schürzenjäger – ist niemand anders als der „gute König" Heinrich gemeint, der das Land nach den Glaubenskriegen im 16. Jahrhundert in eine längere Friedensphase führte. Mit seinem legendären Charisma brachte er etliche Damen des Hofes um den Verstand, die sich darum rissen, von ihm ins Separee entführt zu werden. Wer seinem Blick folgt, gelangt zur Place Dauphine, die ebenfalls unter der Ägide Heinrichs um 1600 angelegt wurde. An den zwei Längsseiten des Platzes stehen noch schmale Häuser, die mit dem Kontrast aus Ziegeln und Naturstein spielen, original erhalten sind aber nur die beiden Eingangspavillons und einige Gewölbekeller. Im Caveau du Palais kann man umgeben von 400 Jahre alten Mauern dinieren, für einen Nachmittagskaffee ist die Sonnenterrasse der Bar du Caveau nebenan perfekt.

- Pont Neuf/Place Dauphine, 75001 Paris
- ÖPNV: Metro 7, Station Pont Neuf

Unter Genovevas Schutz

76 Saint-Étienne-du-Mont

Ein Wunder! Nachdem die brandschatzenden Horden des Hunnenkönigs Attila im April 451 tagelang vor den Toren Lutetias gelauert hatten, ließen sie plötzlich ab und wandten sich nach Süden. Eine junge Gallorömerin soll damals dem Glück auf die Sprünge geholfen haben. Mit den Frauen der Parisii betete sie tagelang für die Verschonung der Stadt, während die gallischen Männer noch über eine Flucht nachdachten. Dank der Rettung von Paris gilt die heiliggesprochene Geneviève als Hüterin der Stadtschlüssel und wird als Schutzpatronin von Paris über die Grenzen der Hauptstadt hinaus verehrt.

Einer Legende nach war sie es auch, die das Grabmal des heiligen Dionysius, des ersten Bischofs von Paris, wiederentdeckt hat. Sie veranlasste einen ersten Kirchenbau an der Stelle, wo sich heute die Kathedrale mit der Grablege der Könige Frankreichs erhebt. Die beherzte Frau war auch um 500 das Zünglein an der Waage, den fränkischen König Chlodwig zur Taufe zu bewegen und das Frankenreich zu christianisieren.

Auf dem Hügel Sainte-Geneviève ruhen ihre sterblichen Überreste heute in einer Kirche, deren Bau Anfang des 17. Jahrhunderts nach wiederholten Umbauten zum Abschluss kam. Anstelle zweier Vorgänger wurde die Kirche Saint-Étienne-du-Mont mit Elementen des spätgotischen Flamboyantstils und der Renaissance errichtet. Neben dem vergoldeten Schrein der Heiligen ist im Kircheninneren besonders der letzte Lettner von Paris den Aufstieg auf den Hügel wert. Diese filigran durchbrochene Chorschranke ist ein Meisterwerk der Bildhauerkunst der Renaissance.

2007 hat die Bruderschaft der Schreinträger die Tradition der Prozessionen wiederbelebt. Rund um den Gedenktag der heiligen Genoveva am 3. Januar findet eine Festwoche in der Kirche statt, deren Höhepunkt die Prozession durch das Gebiet des früheren Lutetias im Quartier Latin ist. Jung und Alt reihen sich dann hinter den Schreinträgern ein, tausendfach antworten ihre Kehlen dem Vorsänger „Sainte Geneviève, priez pour nous".

TIPP

Unter der Kuppel des Pantheons nebenan ruhen zwei andere große Frauen: Marie Curie und Simone Veil.

- Saint-Étienne-du-Mont, Place Sainte-Geneviève, 75005 Paris
saintetiennedumont.fr
- ÖPNV: Metro-Linie 10, Station Cardinal Lemoine

Von Rädern, Rössern & Rosen

77

Bois de Boulogne

Wo verbringen viele Pariser einen sonnigen Sonntag? Im Bois de Boulogne. Kaiser Napoléon III. ließ um 1850 die frühere Jagddomäne zur westlichen grünen Lunge umgestalten. Mit Kind, Kegel und Picknickkorb bestieg man seinerzeit eine Kalesche, um den Tag im weitläufigen Grün mit allerhand Zerstreuung zu verbringen. Heute machen etliche Ausflügler eine Radtour in den Stadtwald. Das rechte Seineufer ist sonntags autofrei, von der Bastille bis zum Triumphbogen führt mittlerweile ein Radweg quer durch die Stadt, sodass man ganz entspannt und sogar schneller als mit Metro und Bus sein Ziel im Park erreichen kann.

Seit 100 Jahren strömen Tausende Anfang Oktober zur Rennbahn Longchamp, um beim Prix de l'Arc de Triomphe, einem der prestigeträchtigsten Galopprennen der Welt, auf Sieg zu wetten. Deutlich familiärer geht es beim Hippodrome d'Auteuil zu, bei dem man von der Tribüne der Hindernisbahn auch den Eiffelturm im Blick hat.

Mit einem ausladenden Hut macht man auch am anderen Ende des Bois eine gute Figur, beim Schlendern durch den Parc de Bagatelle mit seinem Lustschloss. 1775 ließ es der Bruder Ludwigs XVI. innerhalb von zwei Monaten anlegen und gewann damit eine Wette gegen die Königin. Auf verschlungenen Pfaden wird man im Englischen Garten von laut rufenden, adretten Pfauen bis in den Rosengarten begleitet, der berühmt ist für rund 1200 Rosensorten. Seit 2014 ist der Bois de Boulogne auch bei Kunstfreunden eine feste Adresse, als Frank Owen Gehrys Ausstellungshaus für die Louis Vuitton Stiftung eröffnet wurde. In wechselnden Ausstellungen wird in dem futuristischen Schiff aus Glas die Crème de la Crème zeitgenössischer Kunst präsentiert.

Anschließend kann man noch auf der Spur der Künstler bleiben und im Park bis an die Seine radeln, wo man auf die Île de Puteaux und die nördlich anschließende Île de la Jatte trifft. Von Monet, Sisley und van Gogh gemalt, kann man sich heute auf den „Impressionisten-Parcours" zu ihren Motiven begeben.

TIPP

In der Auberge du Bonheur an der Allée de Longchamp kann man das Glück sogar schmecken.

● Bois de Boulogne, 75016 Paris, Longchamp, 2, route des Tribunes; Bagatelle, Route de Sèvres à Neuilly; Louis Vuitton, 8, Av. du Mahatma Gandhi
evenements.france-galop.com; fondationlouisvuitton.fr
● ÖPNV: Longchamp: Metro 10, Station Porte d'Auteuil + Shuttle; Bagatelle: Metro 1, Station Pont de Neuilly; Louis Vuitton: Metro 1, Station Les Sablons

11
12
AUTEUIL

Ein Fest fürs Auge

78 Musée Jacquemart-André

Ein Glückspilz, wer ein Billett von Nelie Jacquemart und Édouard André erhielt. Wenn das Sammlerpaar eine Soiree veranstaltete, wollte ganz Paris dabei sein, um ihre exquisite Sammlung italienischer Meister zu bewundern oder im Salon der neusten Komposition von Claude Debussy zu lauschen. Dies kann erfahren, wer einem Audioguide lauschend durch das ehemalige Wohnhaus des Sammlerpaares Nelie Jacquemart und Édouard André schlendert.
Der Bankierssohn André hatte den Architekten Henri Parent mit dem Bau eines Schlösschens beauftragt, das er 1876 mit einem legendären Ball einweihte. Die Gäste staunten über die prächtige Ausstattung und gerieten schließlich beim Anblick Tausender Kerzen im Ballsaal in Verzückung. Auch die heutigen Besucher sind beeindruckt vom Dekor des Ballsaals, von der raffinierten Treppe des Wintergartens und vom ausgesuchten Mobiliar aus der Zeit des Zweiten Kaiserreichs.
Noch erstaunlicher ist jedoch die große Ansammlung an erstklassiger Kunst, die das Privatmuseum zu einem kleinen Louvre macht. Hier kann man sich in die lieblichen Rokokogesichter bei Fragonard und Watteau vergucken, in Ruhe die Kabinettszenen bei Rembrandt und van Dyck studieren und die Bildkomposition der Renaissance bei Boticelli und Bellini vergleichen. Das Highlight ist jedoch das Tiepolo-Fresco im Wintergarten, das durch das Deckengemälde im früheren Speisesaal, dem heutigen Museums-café, ergänzt wird.
Édouard André war auf seine spätere Frau aufmerksam geworden, als der neue Staatspräsident Thiers sich von der jungen Malerin porträtieren ließ. Selbst Politiker gab er ebenfalls ein Porträt bei ihr in Auftrag. Seit 1881 verheiratet, ging das Paar in den Folgejahren häufig auf Reisen und brachte sogar aus dem Orient Kunstwerke mit nach Paris. Nach dem Tod ihres Mannes setzte Nelie Jacquemart alles daran, die ausgesuchte Sammlung zu erhalten. Sie vermachte das Anwesen der Academié française, die 1913 dieses besondere Museum eröffnete.

TIPP

Im charmanten Salon de Thé genießt man die Leckereien von Stohrer, der ältesten Pariser Pâtisserie.

● Musée Jacquemart-André, 158, boulevard Haussmann, 75008 Paris
musee-jacquemart-andre.com
● ÖPNV: Metro 9, Station Miromesnil

Känguru, Löwe & Co.

79 Jardin des Plantes

Man muss weder Kinder haben noch Biologieexperte sein, um im Botanischen Garten mit seinen Attraktionen einen entspannten Nachmittag inmitten von Flora und Fauna zu verbringen. Die Anlage wurde ursprünglich vor rund 400 Jahren als königlicher Kräutergarten gegründet. Beim Spaziergang im Park trifft man noch auf Zeitzeugen aus den frühen Jahren. Wie die meisten Pflanzen auch sind eine im 17. Jahrhundert gepflanzte Robinie und eine Pistazie mit Hinweistäfelchen versehen, Erkenntnisgewinn nicht ausgeschlossen.

Die heimlichen Stars des Gartens sind die possierlichen Bennett-Wallabys, die vor dem Eingang zur Ménagerie durch ihr recht geräumiges Gehege hüpfen. Diese Zwergkängurus kann man beobachten, ohne den Eintritt für einen der ältesten Zoos der Welt zu zahlen. Mit Kindern kommt man um einen Zoobesuch jedoch sicher nicht herum. Heute gibt es hier keine Elefanten, Löwen und Giraffen mehr zu sehen, der Zoo züchtet 180 vor allem kleinere und seltene Tierarten. In den denkmalgeschützten Art-déco-Häusern und in den natürlichen Lebensräumen nachgebildeten Gehegen leben Schneeleoparden, Nebelparder, Flamingos, Rote Pandas oder Riesenschildkröten. Bei den Kindern sind besonders die Affen, die wuscheligen französischen Esel und die Przewalskipferde beliebt.

TIPP

Karussell speziell: In der Dodo Manège drehen Kinder auf seltenen oder ausgestorbenen Tieren ihre Runden.

Wer große Tiere sehen will, muss zur großen Evolutionshalle hinüberspazieren: 1889 wurde die Zoo-Galerie errichtet, die in einer Mixtur aus Wissenschaft, Spektakel und Kuriositätenkabinett eine Million Tierarten präsentierte, darunter auch Präparate und Skelette längst ausgestorbener Exemplare. Nach einer Generalüberholung 1994 wiedereröffnet, wird man jetzt im Erdgeschoss der großen Halle von einer Parade der Tiere begrüßt. Dank audiovisueller Effekte mit Vogelgeschrei, Gewitter und Sonnenuntergang meint man die präparierten Tiere gen Arche strömen zu sehen. Nach dem ersten Schreck kann man sich dann ganz nah herantrauen, um die Elefantenhaut zu bestaunen oder einem Löwen direkt in die Augen zu schauen.

- Jardin des Plantes: Grande Galerie de l'Évolution, 36, rue Geoffroy-Saint-Hilaire, 75005 Paris, Ménagerie du Jardin des Plantes, 57, rue Cuvier, 75005 Paris jardindesplantesdeparis.fr
- ÖPNV: Metro 5,10, Station Gare d'Austerlitz; Metro 7, Station Place Monge

Die Kraft der Magie

80 Point Zéro des Routes de France

Schon Kaiser Karl V. wusste vor gut 500 Jahren: „Andere Städte sind Städte. Paris ist eine Welt.“ Deshalb vergeht die Zeit in Paris oft wie im Flug, und egal wie lange auch immer die Paris-Reise dauert, am Ende ist sie doch immer zu kurz. Für alle, denen der Abschied schwerfällt, gibt es ein kleines Ritual mit „Rückkehr-Garantie“.

Zu Füßen von Notre-Dame, auf dem Vorplatz der Kathedrale, gute 20 Meter vom Hauptportal entfernt, lässt sich meist eine kleine Menschentraube ausmachen, die oft eine ganze Weile eng im Kreis beieinander ausharrt und sich gegenseitig fotografiert. Wo sie stehen, manchmal sogar seltsam hüpfen, muss er sein: der Nullpunkt von Paris. Mitte des 18. Jahrhunderts bestimmte der „vielgeliebte“ König Ludwig XV. diesen Ort zum Zentralpunkt Frankreichs. Seitdem beziehen sich alle Entfernungsangaben quer durchs Land darauf. Seit 1924 markiert eine in den Boden eingelassene Bronzeplakette den Point Zéro, dem eine magische Kraft nachgesagt wird. Seine Wirkung entfaltet sich laut einer Legende jedoch nur bei jenen, die mit dem linken Fuß auf die eingravierte Windrose tippen und dann schnell weiter springen. So gab es mir vor vielen Jahren meine Pariser „Lehrmeisterin“ mit auf den Weg. Alle anderen Versuche – den rechten Fuß zu nehmen, sich auf die Plakette zu stellen, Münzen zu werfen oder dort einfach nur ein Foto zu machen – seien dagegen völlig wirkungslos.

TIPP

Die Paris Sehnsucht mildern die getöpferten Souvenirs vom Atelier Argile Libre in der Rue Ravignan.

Bis zum verheerenden Brand habe ich diese Anweisungen anstandslos beherzigt und der Zauber hat nie seine Wirkung verfehlt. Doch während der Restaurierungsarbeiten stand zu meinem Entsetzen genau dort die Bauhütte, 5 Jahre lang waren nicht einmal neugierige Blicke möglich. Auch nach der Wiedereröffnung von Notre-Dame blieb der Nullpunkt zunächst noch verplombt. Weil die alte Rosette zu sehr in Mitleidenschaft geraten war, ist sie nun ins Stadtmuseum umgezogen. Seit Juli 2025 kann endlich am alten Ort ein neuer Point Zéro seine Magie entfalten, also los – on y va!

● Point Zéro des Routes de France, Parvis Notre-Dame – Place Jean-Paul II, 75004 Paris

● ÖPNV: Metro 4, Station Cité

POINT ZERO DES ROUTES DE FRANCE

Lieber von Glücksort zu Glücksort führen lassen?
Die Touren mit der Stadtstreicherin Antje Kahnt gibt es hier:
stadtstreicherin.de

5., aktualisierte Auflage 2026

Konzeption/Satz: Droste Verlag, Düsseldorf
Einbandgestaltung und Illustrationen: Britta Thiele, Marbach am Neckar, unter Verwendung von Bildern von © Fotolia.com: jd - photodesign.de; © iStock: Plociennik Robert
Fotos: Antje Kahnt, außer:
S. 17: © Chansong - stock.adobe.com; S. 109, 119, 137: Derk Micke; S. 25: Bibliothèque Mazarine - Guillaume de Smedt (CC-by-nc-nd), cliché https://www.flickr.com/photos/bibliotheque-mazarine/14958939738/ in/album-72157646836102689/; S. 27: JASCKAL; S. 45: © Svetlana Day - stock.adobe.com; S. 49: Antje Kahnt, autorisiert durch Conservatoire national des arts et métiers (Cnam); S. 121: © Renáta Sedmáková - stock.adobe.com; S. 129: © IVANOV ANTON - stock.adobe.com; S. 149: Antje Kahnt, autorisiert durch Monseigneur Jean de Doubna, L'Archeveche de la Cathedrale Saint-Alexandre-Nevsky; S. 155: Jan Kranendonk; S. 163: © Culturespaces / Sophie Lloyd; S. 165: Antje Kahnt, autorisiert durch Muséum national d'Histoire naturelle

MIX
Papier | Fördert gute Waldnutzung
FSC® C011279
FSC www.fsc.org

Druck und Bindung: LUC GmbH, Greven
ISBN 978-3-7700-2474-2

droste-verlag.de